역사 속 세기의 로맨스

2014년 8월 25일 초판 1쇄 인쇄
2014년 8월 27일 초판 1쇄 발행

글 박시연 / 그림 유수미
펴낸이 이철규 / 펴낸곳 북스
편집 이은수 / 편집디자인 이지훈

편집부 02-336-7634 / 영업부 02-336-7613 / FAX 02-336-7614
전자우편 vooxs2004@naver.com / 등록번호 제 313-2004-00245호 / 등록일자 2004년 10월 18일

주소 서울특별시 광진구 동일로 4길 32 2층
값 10,800원
ISBN 978-89-6519-069-1 74800
    978-89-6519-043-1 (세트)

잘못된 서적은 구입하신 서점에서 교환하여 드립니다.
이 책은 저작권법에 의해 보호를 받는 저작물이므로 불법 복제와
스캔 등 무단 전재 및 유포·공유를 금합니다.

이 도서의 국립중앙도서관 출판시도서목록(CIP)은 서지정보유통지원시스템 홈페이지(http://seoji.nl.go.kr)와
국가자료공동목록시스템(http://www.nl.go.kr/kolisnet)에서 이용하실 수 있습니다.
(CIP제어번호 : CIP2014023788)

역사 속 세기의 로맨스

11 모차르트와 콘스탄체

글 박시연 그림 유수미

vooxs북스
BOOK IN YOUR LIFE

'세기의 로맨스'는 말 그대로 세계가 놀랄 만한 로맨스를 다룬 글입니다.
 주인공 이지가 타임 슬립을 통해 과거의 시공으로 떨어지고, 그곳에서 '헨리 8세와 앤 블린', '샤 자한과 뭄타즈 마할', '원효대사와 요석공주' 등 역사에 기록될 만한 강렬하고도 아름다운 사랑을 나눈 주인공들을 만나 함께 기뻐하고 슬퍼하며 사랑을 배워간다는 내용입니다. 이렇게 과거에서 만난 친구들을 통해 사랑의 진정한 의미와 가치를 깨달으며 이지는 조금씩 성장합니다. 그리고 이런 성장을 바탕으로 현실세계에서 자신을 무던히도 괴롭히지만 때때로 묘한 분위기로 헷갈리게 만드는 킹카 중의 킹카 주노와의 사랑을 가꾸어 나갑니다.
 세기의 로맨스는 물론 로맨스를 중심으로 하는 시리즈입니다. 하지만 그 시대에 살았던 주인공들의 삶과 사랑을 현실세계에서 온 이지의 눈으로 지켜보고 느끼면서 당시의 역사에 대해 자연스럽게 배우게 됩니다. 그들의 사랑 자체가 역사가 되는 것이지요.

   우리 학생 독자들에게 로맨스는 언제나 중요한 관심거리일 겁니다. 누구나 한 번쯤은 밤하늘의 별을 올려다보며 시크한 왕자님과의 사랑을 꿈꾸고, 또한 거리를 걷거나 지하철을 타고 가다가 첫 사랑과의 우연한 재회를 꿈꾸기도 했겠지요. 세기의 로맨스를 펼치는 순간, 여러분이 기대하는 그런 설렘을 만날 수 있습니다.

   더불어 그들이 어떻게 그런 사랑을 하고, 어떻게 그런 행복 혹은 비극을 맞았는지 그 역사적 배경까지 알게 된다면 더욱 흥미진진하지 않을까요?

박시연

머리말 _6

프롤로그 _11

스마일보이 _20

Let it go _37

볼프강 아마데우스 모차르트 _65

알로이지아 콘스탄체 _85

눈물의 교향곡 _111

세상에서 가장 슬픈 사랑 _133

불안한 결혼생활 _158

부록 위대한 음악가 모차르트 _180

프롤로그

　목련이 모두 지고, 북악산 푸른빛이 짙어지는 늦봄의 한낮이었다. 북악산 기슭을 따라 고급 저택들이 즐비한 성북동은 서울에서도 손꼽히는 부촌이다. 그중에서도 유난히 커다란 저택의 높다란 담장 안쪽에서 망치질 소리가 요란하게 울려 퍼졌다.
　담장 너머 널찍한 마당에는 아름다운 정원이 펼쳐져 있었다. 가지가 잘 정돈된 자귀나무, 무화과나무, 백양나무, 라일락나무, 포플러 나무 등의 정원수가 시원하게 자라난 한복판에 제법 깊은 연못도 있어 운치를 더했다. 형형색색의 꽃을 피운 채 진한 향기를 풍기는 정원수들 너머 대리석으로 지은 유럽풍의 삼 층 저택이 보였다. 그 저택의 지붕 위에서 선재는 구슬땀을 흘리며 혹시 비가 샐지도 모를 곳을 수리하고 있었다. 이제 고작 열네 살이었지만 어려서부터 이 저택의 집사인 아빠가 일하는 모습을 지켜봐온 선재의 망치질은 제법 야무졌다.

헝클어진 곱슬머리에 곱상한 얼굴의 선재는 호리호리한 몸에 꼭 맞는 싸구려 티셔츠와 찢어진 청바지를 입고 있었지만 어딘지 고급스런 분위기를 풍겼다. 또한 고된 일을 하고 있음에도 입가에는 행복한 미소가 떠나지 않았다.

빠아앙!

경적 소리가 들려온 것은 그때였다. 정원을 내려다보니 서둘러 대문을 열고 있는 양평댁과 박 기사의 모습이 조그맣게 보였다. 양평댁은 저택의 안살림을 책임지고 있는 아주머니고, 박 기사는 운전기사다.

오늘은 이 저택이 새로운 주인을 맞이하는 중요한 날이다. 얼마 전까지 모시던 회장님의 아들과 그 가족들이 스페인에서 귀국하여 저택에서 살게 될 것이라고 했다. 그래서 선재도 아빠를 대신해 지난 며칠 동안 정신없이 집안 구석구석을 수리하며 돌아다녔던 것이다. 이렇게 중요한 날 집사인 아빠가 빠졌다는 사실에 새삼 섭섭함을 느끼며 선재가 서둘러 아래로 내려갔다.

대문이 열리자마자 번쩍번쩍 빛나는 외제 승용차 한 대가 미끄러져 들어왔다. 대문 옆 주차장에 정지하는 승용차 옆으로 양평댁과 박 기사, 두 명의 젊은 메이드 그리고 헐레벌떡 달려온 선재가 나란히 섰다. 박 기사가 뒷문을 정중히 열어주자 저택의 새 주인인 강 사장과 부인인 성 여사가 내렸다. 강 사장은 잘 관리된 몸에 꼭 맞는 정장 차

림이었고, 성 여사도 우아한 정장을 입고 있었다. 마지막으로 주인 내외를 따라 내리는 또래의 소녀를 발견한 선재의 눈이 휘둥그레졌다.

치맛단이 무릎 위까지 올라오는 깜찍한 원피스를 입은 소녀는 순정만화 주인공처럼 가녀린 몸에 당장이라도 쏟아질 것 같은 커다란 눈동자를 지니고 있었다. 하지만 소녀의 눈은 선재처럼 순해 보이지만은 않았다. 부유한 환경에서 모든 것을 누리고 자란 아이 특유의 자긍심과 고집이 눈동자에 서려 있는 것 같았다.

어디선가 라일락 향을 품은 바람 한 줄기가 불어오자 소녀의 길고 풍성한 머리카락이 허공으로 흩날렸다. 햇살이 특별한 각도로 비추며 소녀를 환상 속의 엘프처럼 보이도록 만들었다.

"아아……."

소녀의 얼굴을 바라보는 선재의 입술 사이로 낮은 탄식이 새어나왔다. 맹세컨대 선재는 꿈속에서도 이렇게 예쁜 아이를 만난 적이 없었다.

"환영합니다, 주인님과 가족분들!"

양평댁과 박 기사와 메이드들이 허리를 숙이자 선재도 흠칫 정신을 차리며 따라 숙였다.

강 사장이 사무적으로 미소 지으며 고개를 까닥였다.

"반갑네. 자네들 모두 우리 아버님을 모셨었는가?"

양평댁이 메이드복 앞단추가 터지지 않도록 남산만 한 배에 힘을 잔뜩 준 덕분에 살짝 잠긴 목소리로 답했다.

"그, 그렇습니다. 저는 살림을 맡고 있는 양평댁이고, 이쪽은 운전

기사인 박 기사, 저쪽은 메이드 아가씨들 그리고 마지막으로 집사인 이선재입니다."

"집사라고?"

강 사장이 고개를 갸웃했다. 성 여사와 소녀의 시선도 선재에게 쏠렸다. 의아한 눈으로 선재를 보던 강 사장이 불쑥 물었다.

"얘야, 몇 살이니?"

"열네 살입니다."

"집사일을 맡기에 너무 어린 것 같구나."

선재가 강 사장을 향해 급히 고개를 숙였다.

"실은 아빠가 한 달 전쯤 갑자기 병원에 입원하는 바람에 제가 임시로 맡고 있는 겁니다."

양평댁이 거들고 나섰다.

"한 날 선에 회장님께서 마지막 선물이라며 저희 모두에게 건강검진을 시켜주셨습니다. 그때 이 집사의 몸에서 암이 발견되었지요. 회장님의 도움으로 병원에서 수술을 받았지만 문제는 남겨진 선재의 숙소였습니다. 사정을 딱하게 여긴 회장님께서 선재가 아빠의 일을 대신하며 계속 저택에 머물게 해주셨습니다."

"흐음…… 아버지가?"

고개를 끄덕이면서도 강 사장은 고민하는 눈치였다. 아버지의 뜻이라면 따라야겠지만 일을 시키기엔 선재가 너무 어렸던 탓이다. 딸 리사의 신경질적인 목소리가 들려온 것은 그때였다.

"저런 녀석과 한집에서 살고 싶지 않아요!"

"!"

강 사장이 리사를 휙 돌아보았다. 선재를 보는 리사의 눈초리가 싸늘했다.

"사춘기 여자가 또래의 남자와 한집에서 생활한다는 게 얼마나 불편할지 상상이나 해봤어요?"

성 여사도 한 마디 보탰다.

"맞아요. 저 아이를 데리고 있으면 우리 리사가 불편할 거예요."

"으음……."

강 사장은 선뜻 결정을 내리지 못했다. 선재가 털썩 무릎을 꿇은 것은 그때였다.

"제발 저택에서 머물게 해주십시오."

"얘야, 무릎까지 꿇을 필요는 없단다."

당황하는 강 사장을 올려다보는 선재의 눈빛이 절박했다.

"어린 시절의 대부분을 이 저택에서 보냈어요. 어머니는 제가 태어나자마자 돌아가셨기 때문에 아빠 혼자 힘들게 저를 키우셨어요. 그래서인지 제가 이 저택을 떠나면 아빠도 회복되지 못할 것이라는 불길한 생각이 들어요. 그러니 제발……."

선재의 맑은 눈을 뚫어져라 보던 강 사장이 고개를 끄덕였다.

"좋아, 이 집사가 돌아올 때까지 선재는 계속 머물러도 괜찮다."

"아빠!"

"여보!"

성 여사와 리사가 항의했지만 강 사장은 고집을 꺾지 않았다.

"이미 결정된 일이야. 선재의 일은 더 이상 거론하지 말도록."

가족들에겐 한없이 자상하지만 한 번 결정을 내리면 절대 번복하지 않는 강 사장의 성격을 잘 알고 있는 성 여사와 리사는 입을 다물 수밖에 없었다.

강 사장이 정원으로 걸음을 옮기며 말했다.

"이제 그만 집으로 들어가자. 자네들은 트렁크에 있는 짐을 좀 옮겨 주게."

"알겠습니다, 사장님!"

선재와 양평댁과 박 기사가 승용차를 향해 우르르 달려갔다. 새로운 주인 내외는 이미 항공화물로 이삿짐을 모두 보내왔기 때문에 트렁크에는 여행용 캐리어 세 개만 달랑 들어 있었다. 선재가 제일 무거워 보이는 캐리어를 번쩍 들어올렸다.

"흐음, 아버지가 정원에 정말 많은 정성을 쏟으셨군."

정원수들 사이를 가로지르며 강 사장이 감동받은 듯이 말했다. 하지만 엄마와 함께 따라오는 리사는 선재를 쫓아내지 못해서인지 얼굴에 불만이 가득했다.

"무슨 집에 수영장도 없어? 저 연못을 없애고 수영장이나 만들면 좋겠네."

"하지만 연못에는 회장님이 아끼시던 잉어들이 살고 있는걸요."

모차르트와 콘스탄체

리사가 뒤를 휙 돌아보았다. 선재가 커다란 캐리어를 끌며 따라오고 있었다. 리사가 선재를 향해 쏘아붙였다.

"나도 너랑 동갑이야. 존댓말 안 써도 돼."

"하, 하지만……."

"닭살 돋으려고 하니까 존댓말 쓰지 마."

"헤헤, 알았어."

머리를 긁적이며 해맑게 웃는 선재를 보며 리사는 기가 막혔다.

"저 녀석은 뭐가 좋다고 저렇게 싱글벙글이람?"

스마일보이

　리사네 가족이 스페인에서 보낸 남유럽풍의 가구들로 채워진 고급스러운 인테리어의 저택 내부는 햇빛이 잘 들었다. 그래도 리사는 마룻바닥에서 삐걱대는 소리가 들리네, 창문이 너무 넓어서 햇살이 따갑네 등의 불평을 늘어놓았다. 강 사장은 딸의 불평을 애써 무시하는 눈치였다.
　강 사장 내외가 일층 안방을 사용하기로 하고, 리사는 전망이 가장 좋은 삼층의 방을 쓰기로 했다. 대충 짐 정리가 끝나자 어느새 하늘이 노을빛에 물들어 있었다.
　자신의 방 테라스로 나와 붉게 변한 정원을 내려다보며 리사가 선심 쓰듯 한 마디 툭 던졌다.
　"이렇게 보니 저 정원도 제법 예쁘기는 하네."

저녁은 양평댁이 자랑하는 한정식이었다. 강 사장 내외는 맛있게 먹었지만 리사는 입에 맞지 않아 먹는 둥 마는 둥했다. 저녁을 먹자마자 리사는 시차를 이기지 못하고 침대로 기어 들어갔다.

머리 위까지 시트를 끌어올리는 리사를 향해 성 여사가 말했다.

"아빠와 엄마는 춘천에 가서 할아버지께 인사드리고 올 테니 자고 있으렴. 아마도 자정 전에는 돌아올 거야."

"알았어."

강 사장 내외가 저택을 떠나기도 전에 리사는 완전히 곯아떨어져버렸다.

번쩍- 콰르릉!

밤이 되자 폭풍우가 몰아쳤다. 칠흑 같은 하늘을 가르며 번갯불이 번쩍이는가 싶더니 무시무시한 천둥소리가 울려 퍼졌다.

"허억!"

깊이 잠들었던 리사도 그 소리에 놀라 벌떡 깨어났다. 번갯불에 얼굴을 환하게 물들인 채 창밖을 보던 리사가 머리를 감싸며 째져라 비명을 질렀다.

"꺄아악!"

리사는 오늘처럼 천둥벼락이 몰아치는 밤을 가장 무서워했다. 실크 잠옷의 무릎 사이에 얼굴을 묻은 채 와들와들 떨던 리사가 다시 한 번 천둥소리가 울리자 방문을 박차고 뛰어나갔다.

콰쾅!

"으악!"

리사는 구르듯 계단을 밟고 아래층으로 내려갔다. 이층에서 아무도 발견하지 못한 그녀가 다시 일층으로 향했다. 번개가 번뜩일 때마다 환해지는 널찍한 거실을 가로질러 리사가 안방으로 향했다. 방문을 열어젖히고 들어가며 그녀가 엄마와 아빠를 불렀다.

"엄마! 아빠!"

그러나 침대는 텅 비어 있었다. 이때 다시 한 번 세상을 끝장내버릴 듯 천둥소리가 울렸다. 리사는 거의 패닉에 빠져 눈물을 터뜨렸다.

"나만 버려두고 다들 어디로 사라져버린 거야?"

자신만 이 낯선 저택에 갇혀버렸다고 확신하자 섬뜩한 공포가 심장을 옥죄는 것 같았다.

"도망쳐야 해…… 무서운 일을 당하기 전에 빨리 여기서……."

리사가 비틀거리며 밖으로 나갔다. 하지만 어디로 가야할지 알 수가 없었다. 순간 한 가지 생각이 퍼뜩 머리를 스치고 지나갔다. 고용인들의 숙소로 사용되는 마당 구석의 별채가 떠오른 것이다.

리사가 현관으로 향했다. 문을 열어젖히고 신발도 신지 않은 채 비가 쏟아지는 정원으로 뛰어나간 그녀는 머리 위에서 다시 한 번 번갯불이 번뜩이자 비명을 지르며 별채를 향해 질주했다.

"꺄아아악!"

별채의 문을 밀치고 들어가자 어둡고 기다란 복도가 나타났다. 복

도 양옆으로 서너 개의 방이 늘어서 있었지만 리사의 눈에는 오직 복도 끝에서 불빛이 희미하게 새어나오는 방문만 닥쳐들었다. 누군가 당장 뒷덜미를 낚아챌 것만 같아 리사가 전속력으로 불빛을 향해 달렸다. 그리고 마침내 방문을 열어젖히고 뛰어들었다.

"나 좀 구해줘!"

침대 하나와 탁자 하나만 달랑 놓인 좁은 방안으로 뛰어 들어오는 리사를 와락 안은 사람은 바로 선재였다. 늦은 시간까지 탁자 위에 책을 펼쳐놓고 공부 중이던 선재가 쿵쾅거리는 발자국 소리에 놀라 몸을 일으키는 순간, 잠옷 차림의 리사가 흠씬 젖은 채 방문을 열어젖히고 들이닥친 것이다.

"허억…… 허억……."

숨을 헐떡이며 온몸을 떨고 있는 리사를 안은 채 선재는 잠시 멍청해져 있었다. 한참만에야 선재가 천천히 손을 뻗었다. 그리고 리사의 어깨를 살며시 잡았다.

"……!"

그제야 자신이 누구의 품에 안겨 있는지 깨달은 리사는 당황했다. 리사는 당장 선재에게서 떨어져야겠다고 생각했다. 그런데 마음과는 달리 몸이 움직이지 않았다. 이상하게도 선재의 품이 너무도 따뜻하게 느껴졌다. 결국 리사는 아주 잠시 동안만 이대로 있기로 했다.

'나는 몹시 충격을 받은 상태야. 상대가 누가 됐든 힐링이 필요한 때라구.'

한동안 더 선재의 푸근한 품을 즐기고 있던 리사가 갑자기 정색하며 그의 가슴을 매몰차게 밀어냈다.

"이제 그만!"

선재는 별로 당황하는 기색도 없이 빙그레 미소 지었다.

"천둥소리에 놀란 모양이구나? 이젠 괜찮아?"

선재의 태연함에 리사는 울컥 짜증이 솟구쳤다.

"너 일부러 그랬지?"

"뭘?"

"일부러 날 안은 거 아니냐구?"

"아니, 난 그냥 네가 너무 놀란 것 같아서……."

리사가 선재의 가슴을 손가락으로 쿡쿡 찌르며 윽박질렀다.

"그렇다고 사람을 막 안아도 되는 거야? 이 강리사가 네가 마음대로 안을 수 있는 그런 여자야? 응? 응?"

"……."

억울하다고 항변할 만도 하건만 선재는 뒤통수를 긁적이며 사람 좋게 웃을 뿐이었다. 괜스레 맥이 빠져서 리사가 어깨를 축 늘어뜨렸다.

"너 혹시 네가 굉장히 이상한 녀석인 거 알고 있니?"

"글쎄……?"

"관두자, 관둬. 너랑 얘기하고 있으면 내 머리까지 이상해지려고 한다."

리사가 휘휘 손사래를 치다가 문득 생각난 듯이 물었다.

"그런데 아빠와 엄마는 대체 어디 간 거야? 양평댁 아줌마랑 박 기

24 　모차르트와 콘스탄체

사 아저씨는 왜 또 안 보이고?"

"사장님과 사모님은 춘천 회장님께 가셨잖아."

"아차, 그걸 잊고 있었네."

"박 기사님은 두 분을 모시고 갔고, 양평댁 아주머니는 집에 급한 일이 생겨서 잠깐 다니러 갔어."

"그럼 메이드 언니들은?"

"그 누나들은 밤이면 퇴근을 한다고."

"흐음, 그래서 이 큰 저택에 아무도 없었던 거구나."

고개를 끄덕이던 리사가 문득 코를 벌름거렸다. 힐끗 돌아보니 원룸 한쪽 싱크대에 놓인 가스레인지 위에서 맛있는 냄새를 풍기며 무언가 보글보글 끓고 있었다. 저녁을 대충 때운 리사는 문득 강렬한 식욕을 느꼈다. 손가락으로 렌지 위에 놓인 오목한 프라이팬을 가리키며 리사가 물었다.

"그런데 저기서 끓고 있는 건 뭐야?"

"아, 라볶이!"

"라볶이? 그게 뭐야?"

"라볶이를 몰라?"

선재가 황당한 표정을 짓자 리사가 자존심이 상한 듯 미간을 찌푸렸다.

"나는 초등학교 일 학년 때 아빠의 사업 때문에 스페인으로 이민을 떠났어. 한국 음식을 기억 못 하는 게 당연하잖아?"

"그렇겠구나."

선재가 고개를 주억이며 싱크대를 향해 돌아섰다. 그리고 렌지의 불을 끄고 프라이팬을 통째로 들고 돌아왔다. 그가 탁자 위에 프라이팬을 내려놓으며 말했다.

"입에 맞을지 모르겠지만 한번 먹어봐. 어쩌면 너한테는 너무 매울 수도 있어."

"포크 좀 줘."

선재가 리사 앞에 작은 접시와 포크를 놓아주었다. 그리고 자신도 포크를 들고 마주앉았다. 리사는 스파게티를 먹는 것처럼 라면을 포크로 돌돌 말아 그것을 도톰한 입술 사이로 쪽 빨아들였다. 면을 우물거리는 리사의 얼굴을 선재가 살짝 긴장된 눈으로 쳐다보았다.

"아, 이거 맛있다!"

그녀의 입에서 감탄사가 흘러나오자 선재는 가슴을 쓸어내렸다.

"안 매워?"

"스페인 음식 중에는 이것보다 매운 게 얼마든지 있어. 이 정도는 새 발의…… 새 발의……."

"피?"

"맞다, 피!"

리사는 호호거리며 라볶이를 잘도 먹었다. 선재는 포크를 든 채 흐뭇한 눈으로 그런 리사의 얼굴을 바라보았다. 입언저리에 고추장을 발갛게 묻힌 리사가 문득 멈칫했다.

26 모차르트와 콘스탄체

"너는 안 먹어?"

"응, 나는 배가 불러."

"그런데 왜 이걸 만들었어?"

"뭐 그냥 어쩌다 보니."

"……?"

선재의 얼굴을 물끄러미 보던 리사가 피식 웃으며 다시 먹기 시작했다.

"싱거운 녀석."

선재는 그제야 알 수 있을 것 같았다. 아빠가 가끔 왜 아들이 먹는 모습만 봐도 배가 부르다고 했는지.

햇살이 얼굴에 따갑게 비쳤지만 리사는 시트를 머리 위까지 끌어당기며 달콤한 잠이 날아나지 못하게 붙잡았다. 하지만 소란스럽게 짹짹거리는 새소리가 기어이 그녀를 깨우고야 말았다.

"후아아…… 시끄러워서 도저히 잠을 잘 수가 없네."

침대에서 일어나 앉으며 리사가 한숨을 푸욱 쉬었다. 창을 통해 햇살이 잔잔하게 스며들고 있었다. 새소리 역시 정원 쪽으로 뚫린 저 창을 통해 들려오는 것 같았다.

"흐암~ 제법 상쾌한 아침이야."

두 팔을 쭉 벌리고 기지개를 켜던 리사가 움찔했다. 그제야 자신이 지난 밤 선재의 방에서 잠들어버렸다는 사실을 깨달았기 때문이다.

천천히 고개를 돌리자 싱크대 앞에서 무언가 만들고 있는 선재의 등이 보였다. 선재가 고개도 돌리지 않은 채 말했다.

"이제 일어났어?"

"지, 지금 몇 시야?"

"아직 일곱 시밖에 되지 않았어."

"내가 왜 이 방에서 자고 있는 거지?"

선재가 힐끗 돌아보았다.

"열두 시쯤 됐나? 사모님으로부터 회장님이 편찮으셔서 아침이나 돼야 돌아올 수 있을 것 같다는 전화를 받았잖아."

"응, 거기까진 기억나."

"그럼 혼자 저택으로 돌아가기 무섭다고 여기서 얘기나 하며 밤을 새우자고 했던 것도 기억하겠네?"

"물론이야."

"한 시까지 스페인 생활에 대해 신 나게 떠들다가 갑자기 픽 쓰러져 잠들었어."

"그렇게 된 거였구나……."

리사가 탁자 앞으로 옮겨 앉으며 고개를 끄덕였다. 선재가 리사 앞에 김이 모락모락 피어오르는 머그컵을 놓아주었다. 컵에 든 액체를 홀짝이던 리사의 눈이 휘둥그레졌다.

"와, 맛있다!"

"핫초코야. 지나치게 달긴 하지만 잠이 확 달아나게 해주지."

"흐음······."

리사가 핫초코를 홀짝이며 자신과 마주앉아 역시 머그컵을 기울이는 선재의 얼굴을 유심히 관찰했다. 리사는 처음으로 어쩌면 선재야말로 집사로서 가장 적합한 녀석일지도 모른다고 생각했다.

띵똥!

바로 그때 벨소리가 울렸다.

"아침부터 누구지?"

선재가 태연히 대답했다.

"사장님과 사모님이 돌아오신 모양인데."

"으아아, 큰일이다!"

"뭐가 큰일인데?"

리사가 머리를 감싸며 박차고 일어서자 선재도 따라 일어섰다. 리사가 후다닥 뛰쳐나갔다.

"네 방에서 잔 게 들통 나면 엄마한테 하루 종일 잔소리를 들을 거라구!"

"······."

리사가 사라지고 활짝 열린 방문을 선재는 우두커니 서서 바라보았다. 선재의 입언저리에 다시 희미하게 미소가 피어올랐다.

양평댁이 만들어준 아침식사를 먹자마자 교복 차림의 리사가 현관 밖으로 나왔다. 아침 이슬을 머금고 반짝이는 정원수들 사이로 어제

와 같은 티셔츠에 청바지를 입은 선재의 모습이 보였다. 선재는 연못가에 서서 먹이를 뿌리고 있었다. 리사가 선재를 향해 걸어갔다. 선재 옆에 서서 내려다보니 수면에 큼직한 잉어들이 득시글대는 게 보였다.

리사가 눈살을 찌푸렸다.

"주인도 못 알아보는 이런 멍청한 물고기들은 치워버리고 수영장이나 만들었으면 좋겠는데."

"알아봐."

선재가 툭 내뱉자 리사가 힐끗 보았다.

"뭐?"

"이 녀석들도 주인을 알아볼 수 있다고."

"지금 농담해?"

"농담이 아니거든."

짝! 짝! 짝!

선재가 자신 있게 대답하며 손뼉을 세 번 강하게 부딪쳤다.

촤아악!

"꺄악!"

동시에 다른 어떤 잉어보다 거대한 잉어 한 마리가 수면을 박차고 선재의 눈높이까지 튀어 올랐다. 놀란 리사가 선재의 팔을 와락 안으며 비명을 질렀다. 아침 햇살에 비늘을 반짝이던 잉어는 이내 수면 아래로 사라졌다.

"어때, 내 말이 맞지?"

"하하."

리사가 황당한 듯 웃으며 선재의 팔을 풀었다. 한 마디 쏘아붙이려는데 마침 성 여사가 나왔다. 기품이 흐르는 하얀색 투피스 차림의 성 여사를 향해 선재가 머리를 숙였다.

"안녕히 주무셨어요, 사모님?"

"어, 그래."

건성으로 고개를 까닥인 성 여사가 리사에게로 시선을 옮겼다.

"등교할 준비는 됐니?"

"네, 엄마."

"네가 전학 가는 진선중학교에는 성북동에서 알아주는 집안의 자제들이 많이 다니고 있어. 처음부터 각오를 단단히 해두지 않으면 적응이 쉽지 않을 수도 있단다."

리사의 입언저리가 슬쩍 올라갔다.

"엄마, 내가 학교 퀸이었다는 사실을 벌써 잊은 거예요?"

성 여사도 표정을 풀었다.

"물론 우리 딸이라면 첫날부터 인기를 독차지하겠지. 내일 집에서 여는 파티에 친구들 초대하는 것도 잊지 말고."

"걱정 마세요."

"좋아, 그럼 가자."

리사와 함께 걸음을 옮기려던 성 여사가 문득 선재를 돌아보았다.

"그런데 너는 학교 안 다니니?"

"아뇨, 다니고 있습니다."

"어느 학교에 다니는데?"

"그게……."

선재가 곤란한 표정으로 리사가 입고 있는 교복을 가리켰다. 성 여사와 리사의 눈이 휘둥그레졌다.

"설마 너도 진선중학교에 다녀?"

"예."

"호오, 리사와 같은 학교란 말이지?"

무언가 골똘히 생각하던 성 여사가 리사와 함께 걸음을 옮겼다.

"어쨌든 너도 빨리 옷 갈아입고 등교할 준비해라."

"예, 사모님."

리사와 성 여사를 태운 승용차가 대문을 빠져나간 후에도 선재는 한동안 계속 잉어들에게 먹이를 던져 주었다.

온갖 봄꽃이 지천으로 피어난 북악산 자락에 전통을 자랑하는 진선중학교가 자리하고 있었다. 파란 잔디가 깔린 탁 트인 운동장을 낀 고풍스런 느낌의 본관 건물, 삼층 1학년 1반 교실 창문이 아침 햇살을 환하게 반사했다.

1반 교실의 교단 위에 당당하게 서서 리사는 스무 명 남짓한 반애들을 둘러보았다. 젊은 여자 담임이 리사를 가리키며 싱긋 미소 지었다.

"리사는 초등학교 일학년 때 부모님을 따라 스페인으로 이민을 갔다가 돌아오게 되었단다. 여러 가지로 낯설고 궁금한 게 많을 테니 너희들이 잘 도와주도록 하렴. 알겠지?"

"예에!"

"리사야, 아이들한테 인사해야지."

"예, 선생님."

덜컹!

리사가 고개를 끄덕일 때 문 열리는 소리가 들렸다. 누군가 교실 뒷문을 열고 쭈뼛거리며 들어오는 게 보였다. 자신과 똑같은 교복을 입은 남학생이 이선재임을 알아보는 순간, 리사가 그를 가리키며 버럭 소리를 질렀다.

"이선재, 너도 1반이었어?"

동시에 리사에게 집중되었던 반애들의 시선이 살금살금 자신의 자리로 향하던 선재에게 쏠렸다. 아이들의 시선이 부담스러운 듯 선재가 뒷머리를 긁적이며 교실 맨 뒷자리에 앉았다.

그런 선재를 보며 리사가 기가 막힌 듯 중얼거렸다.

"하, 선재 저 녀석이 나와 같은 반일 줄이야."

담임이 억지로 웃으며 리사의 주의를 환기시켰다.

"리사야, 인사부터!"

"아, 네."

리사가 다시 반애들을 쳐다보며 흠흠 헛기침을 했다. 리사가 입 꼬

 모차르트와 콘스탄체

리를 슬쩍 들어올렸다.

"강리사라고 해. 선생님이 말씀하셨다시피 스페인에서 살다가 왔어. 미리 말해두지만 너무 친한 척은 말아줘. 스페인에서도 그랬지만 나와 친해지려고 졸졸 쫓아다니는 녀석들 때문에 골치가 아팠거든. 특히 알리시아 걔는 스토커처럼 어찌나 날 괴롭혔는지……."

한숨을 푸욱 쉬는 리사를 담임이 걱정스럽게 쳐다보았다. 리사는 분명 대단한 집안의 예쁜 아가씨였다. 하지만 진선중학교에는 리사 못지않은 명문가의 자제들이 많았다. 자존심 강한 아이들이 콧대 높은 전학생을 어떻게 대할지 담임은 벌써부터 머리가 지끈거리기 시작했다.

담임의 걱정대로 아이들 사이에서 불만 섞인 목소리가 터져 나왔다.

"쟤, 뭐라는 거니?"

"전학생이 왜 저리 건방져?"

"머리가 어떻게 된 거 아니야?"

불만은 리사에 대한 호감이 역력한 남학생들보다 여학생들 쪽에서 심했다. 그런 여학생들 사이에서 가장 냉소적인 미소를 흘리고 있는 것이 바로 아진이었다. 리사가 나타나기 전까지만 해도 깜찍한 외모와 톡톡 튀는 성격으로 남학생들의 관심을 한 몸에 받았던 아진이 건방진 전학생에게 적의를 품는 것은 어쩌면 당연했다.

아진의 짝꿍인 윤지가 턱짓으로 리사를 가리켰다.

"쟤, 정말 웃기지 않니?"

"나 쟤 알아."

"어떻게?"

"초등학교 일 학년 때 같은 반이었어. 그때도 건방지기로 유명했지."

"그으래? 그렇다면 환영식을 제대로 준비해야겠는걸."

"당연하지."

아이들이 자신을 어떻게 생각하는지 아는지 모르는지 리사가 자신만만한 표정으로 말을 이었다.

"내일 한국에 돌아온 기념으로 우리 집에서 가든 파티를 열 계획이야. 너희들 모두 초대할 테니까, 한 사람도 빠지지 말고 참석하도록 해."

2
Let it go

첫 수업이 끝나자마자 리사가 자리에서 일어섰다. 맨 뒷자리에 앉아 있는 선재에게 가기 위해서였다.
"이선재 이 녀석, 왜 같은 반이라고 얘기 안 했지?"
이때 한눈에 모범생으로 보이는 짝꿍 남학생이 그녀를 불러 세웠다.
"리사라고 했지?"
"그런데?"
도도하게 돌아보는 리사의 눈빛에 남학생은 절로 기가 죽는 눈치였다.
"내 이름은 유가빈이야."
"누가 물어봤니?"
"우리 반 반장이기도 해."
"글쎄, 누가 물어봤냐고?"

리사의 쌀쌀맞은 태도에 당황한 가빈이 더듬거렸다.

"그, 그래도 짝꿍이 됐으니까 이, 인사는 해야 할 것 같아서."

"그래, 고맙다."

무시하고 떠나려는 리사를 향해 가빈이 재빨리 말했다.

"이선재와 아는 사이야?"

리사가 비로소 관심을 드러냈다.

"우리 집 집사 아저씨의 아들이야. 그런데 그건 왜 물어?"

"웬만하면 이선재와 아는 척하지 않는 게 좋을 거야."

"어째서?"

"저 녀석은 투명인간이거든."

"투명…… 인간?"

"학기 초부터 왕따로 찍혔어. 아이들이 괴롭혀도 반격도 않고 헤헤 거리기만 하니까 왕따가 될 수밖에. 그래서 아이들은 저 녀석한테 말도 걸지 않고 아예 없는 사람 취급하고 있다고."

"흐음……."

눈살을 살짝 찌푸리는 리사를 향해 가빈이 짐짓 걱정하는 투로 말했다.

"그러니까 너도 웬만하면 이선재한테 말 걸지 마. 다 너를 생각해서 해주는 말이야."

"싫은데."

"뭐?"

"누군가 나한테 이래라 저래라 명령하는 거 딱 질색이야. 그러니까 내 마음대로 할 거라고."

"하지만……."

리사가 더 이상 들을 필요도 없다는 듯이 찬바람을 일으키며 돌아섰다. 그녀가 선재 앞에 우뚝 멈춰 서서 턱을 쳐들었다.

"야, 이선재!"

삼삼오오 모여 잡담을 나누던 반애들이 시선이 일제히 두 사람에게로 쏠렸다. 선재가 당황스런 눈으로 아이들의 반응을 살피다가 리사를 향해 억지로 미소 지었다.

"왜 그러는데?"

리사가 움찔하는 선재에게 얼굴을 바싹 들이밀었다.

"너, 왜 나랑 같은 반이라고 말 안 했어?"

"나도 네가 우리 반이 될 줄은 몰랐기 때문에……."

"어쨌든 네가 자꾸 거치적거려서 짜증난단 말이야."

황당한 듯 리사의 얼굴을 보던 선재가 선선히 고개를 끄덕였다.

"알았어. 학교에서는 웬만하면 아는 척하지 않을게."

'으이그……! 저런 식이니 반애들한테 왕따를 당할 수밖에!'

리사가 왠지 답답해서 혀를 찼다. 이때 누군가 리사의 어깨를 건드렸다. 돌아보니 아진이 윤지와 함께 친근한 얼굴을 한 채 서 있었다.

"내 이름은 조아진이고, 이쪽은 내 단짝친구 민윤지야. 혹시 내 얼굴 기억 안 나?"

"모르겠는데."

아진이 그럴 줄 알았다는 듯 피식 웃었다.

"초등학교 일 학년 때 같은 반이었잖아. 워낙 오래전이라 기억이 안 나는 모양이구나?"

"아, 그랬었나?"

리사가 심드렁하게 대꾸했다.

그런 리사를 향해 이번엔 윤지가 말했다.

"점심시간에 급식실로 가지 말고 여학생 휴게실로 와줄 수 있어?"

"왜?"

"여학생들끼리 조촐한 환영식을 준비했거든. 핫초코와 브라우니를 먹으며 전화번호라도 교환하자."

"흐음, 조금 귀찮기는 한데……."

고민하는 척하던 리사가 선심이라도 쓰듯 고개를 끄덕였다.

"알았어. 갈게."

"정말 고마워. 다른 아이들도 기뻐할 거야."

좋아라하며 돌아서는 아진과 윤지의 뒷모습을 보며 리사가 씨익 웃었다.

"이놈의 인기는 스페인에서나 한국에서나 식을 줄을 모른다니까."

그런 리사를 지켜보던 선재가 물었다.

"여학생 휴게실에 갈 생각이야?"

"가줄까 생각하고 있어."

"그래?"
찜찜한 표정을 짓는 선재를 보며 리사가 고개를 갸웃했다.
"표정이 왜 그래?"
"아, 아무것도 아니야."
"싱거운 녀석!"
손사래 치는 선재를 뒤로하고 리사가 빙글 돌아섰다.

점심시간, 리사는 여학생 휴게실로 향했다. 방문을 열고 들어가자 박수 소리가 요란하게 울려 퍼졌다.
"환영해, 리사!"
"정말 잘 와주었어!"
아진과 윤지를 비롯한 여학생 십여 명이 핫초코와 브라우니가 놓인 기다란 테이블 주변에 서서 박수를 치고 있었다. 우쭐해진 리사가 아진이 가리키는 가운데 자리로 가서 섰다. 리사가 미소를 머금은 채 여학생들을 둘러보았다.
"환영해줘서 고마워. 나도 너희들과 친해지려고 노력해볼게."
아진이 팔을 번쩍 쳐들었다.
"우리 기념 촬영하자!"
아진의 말이 떨어지기 무섭게 여학생들이 리사에게 몰려들어 앞 다퉈 팔짱을 꼈다. 리사는 짜증이 치밀었지만 억지로 참았다. 윤지가 그런 리사 앞에서 핸드폰을 들어올렸다.

"하나…… 두울…… 치즈!"

찰칵!

윤지의 핸드폰에 리사와 여학생들의 다정한 모습이 찍혔다. 사진을 찍자마자 아진과 여학생들이 리사로부터 재빨리 떨어졌다. 여전히 핸드폰을 들고 있는 윤지의 좌우편에 늘어서서 자신들의 핸드폰을 들어 올리는 아진 등을 향해 리사가 이상하다는 듯이 물었다.

"뭐하는 거야?"

"이번엔 네 독사진을 찍고 싶어서 그래. 괜찮지?"

리사가 다시 한 번 이놈의 인기는 어쩔 수가 없군, 하는 표정을 지으며 고개를 까닥했다.

"대신 딱 한 장만이다."

"알았어."

아진노 싱긋 웃으며 핸드폰을 들어올렸다. 리사는 모르고 있었지만 아진은 손에 아주 가느다란 낚싯줄을 쥐고 있었다. 줄의 끝은 리사의 머리 바로 위에 매달려 있는 큼직한 풍선과 연결되어 있었는데 줄을 잡아당기면 풍선이 터지며 그 안에 들어 있는 밀가루와 붉은색 물감이 쏟아지게 되는 것이다. 여학생들은 리사가 봉변을 당하는 순간을 찍기 위해 폰카를 들이대고 있었다.

'호호! 잘난 척할 수 있을 때 마음껏 하도록 해. 이제 곧 너의 우스꽝스런 모습이 인터넷을 통해 전교생에게 퍼질 테니까.'

아진이 줄을 힘껏 잡아당기는 순간, 누군가 문을 박차고 뛰어들었다.

쾅!

"조심해!"

리사를 향해 붕 몸을 날리는 남학생은 바로 선재였다.

"꺄악!"

선재가 비명을 지르는 리사를 밀어뜨리며 함께 쓰러졌다.

퍼억!

리사를 깔고 엎드린 선재의 뒤통수로 물감과 밀가루가 쏟아졌다. 밀가루가 뽀얗게 날리는 가운데 핏물처럼 붉은 물감을 뚝뚝 흘리는 선재의 얼굴을 리사가 질린 듯이 올려다보았다. 아직 무슨 일이 벌어졌는지 정확히 파악하지 못한 리사가 멍청히 중얼거렸다.

"너어…… 얼굴에서 피가 나."

"피가 아니라 물감이야."

"그럼 아진과 윤지가 나를 노리고……?"

그제야 상황을 알아차린 리사가 눈을 치켜떴다. 선재의 가슴을 확 밀치고 리사가 일어섰다.

"너희들, 이게 무슨 짓이야?"

아진과 윤지 그리고 여학생들은 어느새 노골적인 적의를 드러냈다. 아진이 냉담한 눈빛으로 리사를 쏘아보았다.

"이게 우리의 환영 인사야. 너처럼 건방진 아이에겐 이런 환영식이 딱 어울린다고 생각하는데?"

"뭐가 어쩌고 어째?"

화가 치민 리사가 아진에게 덤벼들려고 했다. 이때 아진의 어깨 너머에서 웬 남학생이 불쑥 모습을 드러냈다.

"너희들이 좀 심했어. 리사한테 사과해라."

아진과 여학생들이 눈을 치켜뜨며 남학생을 돌아보았다. 훤칠한 키에 시크한 미소를 머금은 남학생은 온몸으로 아우라 같은 자신감을 풍기고 있었다. 남학생의 얼굴을 마주한 아진과 여학생들의 표정이 눈에 띄게 누그러졌다. 눈앞에 서 있는 남학생이야말로 진선중학교 최고의 꽃미남이기 때문이다.

아진이 남학생을 향해 말했다.

"찬영이 너, 오늘 집안 행사가 있어서 결석한다고 하지 않았니?"

"생각보다 일찍 끝났어."

"어쨌든 너는 빠져. 이건 우리 여자들끼리의 문제야."

찬영이 아진의 옆에 서서 리사를 향해 싱긋 미소 지었다.

"글쎄, 그건 좀 곤란할 것 같은데."

"무슨 말이야?"

"리사는 내가 초등학교 일 학년 때부터 여친으로 점찍었던 아이거든."

"뭐…… 뭐라고……?"

아진이 눈을 부릅떴다. 찬영은 그냥 꽃미남이 아니었다. 이 나라 최고 재벌가의 유일한 후계자에 초등학교 육 년 동안 전교 일등을 한 번도 놓쳐본 적이 없는 수재, 어디 그뿐인가? 진선중학교 축구부 스트라이커이자 만능 스포츠맨으로 모든 여학생의 관심을 한 몸에 받고 있는 킹카 중의 킹카였다. 아진이 끓어오르는 질투심을 억누르며 리사를 잡아먹을 듯 노려보는 이유였다.

리사도 자신을 향해 미소 짓고 있는 찬영의 얼굴을 유심히 보았다. 아는 얼굴인지 기억해보려고 애썼지만 떠오르지 않았다.

리사를 향해 천천히 걸어간 찬영이 고개를 살짝 숙여 그녀의 눈을 들여다보았다.

"여전히 순정만화 주인공 같은 눈을 하고 있구나?"

리사는 도무지 기억이 떠오르지 않는 듯 미간을 찌푸렸다.

"그런데 누구더라……?"

"내 이럴 줄 알았지. 단짝이었던 나찬영을 벌써 잊어버린 거야?"

찬영이 기가 막힌 듯 말했지만 리사는 여전히 모르겠다는 표정이었다. 그러자 찬영이 리사 앞에 한쪽 무릎을 털썩 꿇으며 그녀의 오른손을 움켜잡는 것이 아닌가.

"이렇게 하면 혹시 기억이 떠오르려나?"

"뭐하자는 거야?"

찬영의 표정이 진지하게 변했다.

"강리사, 지금은 우리가 너무 어려서 불가능하겠지만 언젠가 어른이 되면 나와 결혼해주지 않겠니?"

"아……!"

그제야 무언가 떠오른 듯 리사가 신음을 흘렸다.

"너, 울보대장 나찬영 맞지?"

"그래, 네가 얼음공주 강리사가 맞다면!"

무릎을 세우며 씨익 웃는 찬영을 향해 리사가 반가운 척을 했다.

"이게 얼마만이야? 너, 제법 근사한 남자가 됐구나?"

"그래, 조금만 더 있으면 너한테 청혼할 수 있을 만큼 충분히 어른스러워질 거야."

서로의 얼굴을 마주보며 친근하게 미소 짓는 리사와 찬영을 아진이 이를 악물고 쏘아보았다. 또 한 사람, 머리와 얼굴이 온통 밀가루와 물감 범벅인 선재도 두 사람을 멍하니 지켜보고 있었다.

다음 날 오후, 리사의 저택은 분주했다. 아름답게 꾸며진 정원에선 파티 준비가 한창이었다. 푸른 잔디가 융단처럼 깔린 마당에는 양평댁의 지휘 아래 뷔페상이 여러 개 세팅되었고, 클래식을 연주하는 악단의 모습도 보였다. 신선중학교 1학년 1반 학생들이 삼삼오오 대문을 통해 입장했고 박 기사가 어린 손님들을 정중히 맞이했다.

사실 아진과 윤지를 중심으로 똘똘 뭉친 여학생들은 리사의 파티에 아무도 참석하지 않을 작정이었다. 그런데 찬영이 앞장서서 파티를 홍보하자 상황이 반전되었다. 여학생들이 하나둘 파티에 참석하는 쪽으로 기울었던 것이다. 결국 아진과 윤지도 울며 겨자 먹기 식으로 참석할 수밖에 없었다.

'흐음, 드디어 오는군.'

리사는 자신의 방 창가에 서서 막 대문을 통과해 들어오는 찬영의

모습을 보았다. 턱시도가 잘 어울리는 늘씬한 몸의 찬영에게선 멀리서도 빛이 나는 것 같았다.

"응?"

리사의 미간이 씰룩했다. 찬영에게 헐레벌떡 따라붙는 아진과 윤지의 모습을 발견했기 때문이다. 아진이 찬영에게 팔짱을 끼는 것처럼 보이자 리사의 얼굴이 절로 일그러졌다. 가슴 깊숙한 곳에서 불현듯 낯선 감정이 솟구쳤다. 그것이 질투심이란 걸 깨닫는 순간 리사는 말도 안 된다는 듯 고개를 휙휙 가로저었다. 다른 사람이 자신 때문에 질투할지언정 자신이 그런 유치한 감정을 품을 수는 없는 것이다.

'나찬영, 그때는 코흘리개 철부지 같았는데……'

순간 스페인으로 떠나기 직전 자신 앞에 무릎 꿇고 청혼 아닌 청혼을 하던 찬영의 모습이 또렷이 떠올랐다. 찬영에게 수줍게 고개를 끄덕이던 자신의 모습도.

"다 됐습니다, 아가씨."

미용사 언니의 목소리에 흐뭇한 회상에 잠겨 있던 리사가 정신을 차렸다. 그녀가 빙글 돌아서서 전신 거울에 자신의 모습을 비춰보았다. 한 떨기 장미처럼 예쁘고 도도한 소녀의 모습이 거울 속에 있었다. 만족스런 미소를 지으며 그녀가 방문을 열고 나갔다.

아래층으로 내려온 리사가 멈칫했다. 바쁘게 움직이는 사람들 사이로 한쪽 구석의 테이블에서 오늘 정찬의 주 메뉴인 스테이크를 꾸역꾸역 먹고 있는 선재의 모습을 발견했기 때문이다. 자신을 물끄러미

쳐다보는 리사를 발견한 선재가 먹는 것을 멈추었다.

선재가 쑥스러운 듯 웃으며 말했다.

"양평댁 아주머니가 파티가 시작되면 바빠서 밥 먹을 시간도 없을 테니까 미리 먹어두라고 하셔서……."

그런 선재를 보며 리사는 망설이고 있었다. 사실 이틀 전 밤에 천둥이 칠 때도 그렇고, 어제 학교에서 저 대신 밀가루 반죽을 뒤집어쓸 때도 그렇고 선재에게는 여러 가지로 고마웠던 것이다.

"원한다면 오늘 파티에 참석해도 좋아."

"뭐?"

"너도 같은 반 친구잖아. 그러니까 파티에 참석하란 말이야."

"……?"

어리둥절한 선재를 향해 리사가 눈꼬리를 치켜세웠다.

"왜, 싫어? 싫으면 말고."

"아, 아니야. 참석할게."

잘 차려입은 친구들이 손과 손에 음료수 잔을 든 채 삼삼오오 모여 이야기꽃을 피웠다. 특히 찬영의 주위에는 아진과 윤지를 비롯한 여학생들이 들러붙어 있었다. 아진이 잘 가꿔진 정원을 둘러보며 괜히 트집을 잡았다.

"그런데 이 집 너무 고리타분하지 않아? 요즘 누가 귀찮게 이런 정원을 꾸미겠어?"

"원래 리사의 할아버지가 사시던 집이라서 그럴 거야. 할아버지는 건강이 안 좋아져서 춘천 별장으로 내려가셨고, 할아버지 대신 회사를 이끌어갈 리사 아버지가 이 집에서 살게 된 걸로 알고 있어."

아는 체를 하는 찬영을 향해 아진이 퉁명스럽게 물었다.

"찬영이 너는 리사에 대해 모르는 게 없구나?"

"맞아. 나는 리사에 관한 것이라면 뭐든지 알고 있어."

자랑스럽게 대답하는 찬영을 쳐다보는 아진의 눈에 짜증이 묻어났다. 이때 잔잔한 클래식을 연주하던 악단 쪽에서 경쾌한 팡파르가 울려 퍼졌다.

팜파람팜팜팜~ 팜파라팜팜~ ♪🎵

아진과 찬영을 비롯한 반애들의 시선이 일제히 선재를 거느리고 등장하는 리사에게로 쏠렸다. 우아한 실크 드레스 자락을 끌며 걸어오는 리사는 봄의 정령처럼 아름다웠다. 남학생들 사이에서 낮은 감탄사가 새어나왔다. 하지만 아진의 눈치를 살피느라 누구도 함부로 박수를 치지 못했다.

짝짝짝짝!

"와우!"

이때 누군가 겁도 없이 손뼉을 마주치며 리사를 환영했다. 아이들의 시선이 일제히 열렬히 박수를 치고 있는 찬영에게로 쏠렸다. 반에서 아진을 이렇게 노골적으로 무시할 수 있는 아이는 찬영이밖에 없는 것이다. 그러자 참고 있던 남학생들도 찬영이를 따라 박수를 치며

환호하기 시작했다. 심지어 여학생들까지 모욕감으로 안색이 하얗게 질려 있는 아진의 눈치를 살피며 손뼉을 마주치는 게 보였다.

리사가 파티장 한복판에 우뚝 멈춰 섰다. 그리고 자신만만한 눈으로 반애들의 얼굴을 둘러보았다. 한참만에야 리사의 입술이 열렸다.

"오랜만에 한국으로 돌아온 나를 환영해주기 위해서 모인 친구들에게 일단 고맙다는 말을 하고 싶어."

리사의 곱지 않은 시선이 찬영 옆에 서 있는 아진에게로 향했다.

"물론 나를 질투한 몇몇 아이들 때문에 황당한 일도 겪었지만 다 용서하기로 했어. 오늘은 우리가 친구가 된 날이니까 모두 마음껏 즐기도록 해."

리사의 말이 끝나자마자 찬영이 다시 박수를 쳤다.

"와아아! 리사 짱!"

그때까지 숨숙이고 있던 아진이 날카롭게 외쳤다.

"설마 이게 다는 아니겠지?"

"무슨 말이야?"

아진의 한쪽 입술이 슬쩍 올라갔다.

"우중충한 정원에서 따분한 연주를 들으며 스테이크나 썰라는 거야? 그건 집에서도 매일 하는 일이라구."

"그럼 뭐가 더 필요한데?"

"지난번 우리 집에서 파티를 할 때는 초대형 모니터를 곳곳에 설치해서 아이들이 최신 게임을 즐길 수 있도록 해주었어. 적어도 그 정

도 이벤트는 준비했어야 하는 거 아닌가?"

"그, 그건……."

리사는 당황했다. 스페인에서 가든 파티라면 좋은 음악을 듣고 좋은 음식을 먹으며 대화를 나누는 게 전부였다. 하지만 한국에서는 그게 다가 아닌 모양이다.

리사가 불안한 눈으로 주위를 둘러보았다. 아이들도 이번만은 아진의 말에 동의하듯 고개를 주억이고 있었다. 늘 리사의 편이 되어주던 찬영이마저 입을 다물자 리사는 초조해졌다. 무언가 흥미진진한 이벤트를 제공하지 못하면 모처럼의 파티가 엉망이 될 판이었다. 한국으로 돌아와 처음 준비한 파티인데 그런 식으로 망쳐지는 건 리사의 자존심이 허락하질 않았다.

"!"

입술을 잘근잘근 깨물며 주위를 둘러보던 리사의 눈이 선재와 딱 마주쳤다. 순간 리사는 자신도 모르게 손가락으로 선재를 가리켰다. 그리고 자신의 의지와는 전혀 상관없는 엉뚱한 말을 내뱉고 말았다.

"물론 나도 이벤트를 준비했어. 이선재가 신 나는 노래와 춤으로 분위기를 띄워줄 거야."

아이들의 시선이 어리둥절한 선재의 얼굴로 집중되었다.

"이선재가 노래와 춤을?"

"저 녀석한테 그런 재주가 있었나?"

당황스런 얼굴의 선재가 리사에게 다가와 속삭였다.

"나, 노래도 못 하고 춤도 못 춘다고."

"나도 내가 갑자기 왜 너를 지목했는지 후회하고 있는 중이야."

"그냥 내가 못 하겠다고 말할게."

"그건 안 돼. 아이들은 네가 아니라 날 무시할 거라구."

"그럼 대체 어쩌란 말이야?"

"그냥 대충 아무 노래나 부르면서 춤추는 시늉이라도 해봐."

"하지만……."

"눈 딱 감고 한 번만 해줘. 은혜는 잊지 않을게."

"으음……."

리사의 얼굴을 곤혹스럽게 들여다보던 선재가 마지못해 고개를 끄덕였다.

"자신은 없지만 한번 해볼게."

"고마워."

리사가 긴장된 눈으로 악단 앞에 우두커니 서 있는 선재를 바라보았다. 찬영을 비롯한 아이들의 시선도 일제히 선재에게 집중되었다. 선재는 난감한 얼굴로 그 시선을 감당하고 있었다. 아진이 선재를 향해 짜증스런 목소리로 외쳤다.

"이선재, 뜸 좀 그만 들이고 웬만하면 시작하지."

"아, 알았어."

헛기침을 흠흠, 하며 목청을 가다듬던 선재의 입이 열리고 마침내 노래가 흘러나오기 시작했다.

"The snow glows white on the mountain tonight♬ Not a footprint to be seen♪"

선재에게서 의외로 맑고 청아한 노랫가락이 흘러나왔다. 얼마 전 세계적으로 열풍을 일으켰던 영화의 주제가였다. 애초 춤을 출 수 있는 신 나는 노래가 아니었지만 두 손을 꼭 잡고 볼을 살짝 붉힌 채 진지하게 노래를 부르는 선재의 모습에선 함부로 무시할 수 없는 분위기가 흘렀다.

리사는 눈을 동그랗게 뜨고 조금씩 감정을 고조시키는 선재의 얼굴을 뚫어져라 바라보았다. 찬영과 아진 등도 선재가 풍기는 진지한 분위기에 압도당한 듯 숨을 죽인 채 귀를 기울이고 있었다.

"Let it go, Let it go♪ Can't hold it back anymore~♬"

마지막 후렴구에서는 모두 입을 모아 "Let it go"를 외쳤다. 리사 역시 형언할 수 없는 감동을 느끼며 선재처럼 두 손을 꼭 잡은 채 목청을 높였다. 마침내 선재의 노래가 끝이 났다.

"……"

리사와 다른 친구들 모두 입을 굳게 다문 채 선재의 얼굴을 뚫어져라 응시했다. 리사는 힘껏 박수라도 쳐줘야겠다고 생각했지만 다른 아이들이 가만히 있었으므로 자신도 침묵하기로 했다.

선재는 아이들의 침묵을 자신에 대한 비웃음으로 받아들인 것 같았다.

"분위기를 깨뜨려서 미안. 그럼 난 이만 가볼게."

쑥스러운 듯 미소 지으며 파티장을 빠져나가는 선재를 리사가 안타

깝게 쳐다보았다. 선재는 오늘 칭찬받아 마땅한 실력을 발휘했다. 그러나 누구도 그를 칭찬하고 싶어 하지 않는 것 같았다. 리사가 선재를 붙잡으려는데 아진이 피식 웃었다.

"강리사, 네 이벤트가 엉망이 되어버렸구나?"

"선재의 노래가 썩 훌륭하지 않았어?"

"여기 분위기 가라앉은 거 안 보여? 파티장이 아니라 꼭 장례식장 같잖니?"

"그런 억지가……."

리사가 눈을 치켜뜨고 항의하려는데 찬영이 대신 나섰다.

"나는 꽤 감동적으로 들었는데? 선재 녀석한테 저런 재주가 있는 줄은 몰랐는걸."

찬영과 친한 남학생 몇이 거들고 나섰다.

"나도 잘 들었어."

"의외로 노래를 잘 부르더라."

찬영이 씨익 웃으며 쐐기를 박았다.

"자, 그럼 이제부터 본격적으로 파티를 즐겨보도록 할까?"

찬영의 카리스마 덕분에 소동은 그것으로 가라앉았다. 리사도 간신히 마음을 진정시키고 찬영 등과 어울려 웃고 떠들었다. 가끔 백양나무 쪽을 힐끔거렸지만 선재의 모습은 사라지고 없었다.

'이 녀석은 괜찮은 건가?'

선재에게 가보고 싶었지만 아이들의 눈이 무서워 그럴 수도 없었다.

파티가 무사히 끝이 나고 아이들이 모두 돌아가고 난 후에야 리사는 양평댁에게 달려갔다.

"아줌마, 선재는 어디 있어?"

"선재는 집에 없는데요, 아가씨."

"어디로 갔는데?"

"아빠 병문안을 간다고 방금 밖으로……."

양평댁의 말이 끝나기도 전에 리사는 대문을 향해 뛰어갔다. 대문을 열어젖히고 나온 리사가 노을이 잔잔하게 깔리기 시작하는 주택가의 골목길을 빠르게 달려갔다. 한참을 달렸지만 선재의 모습은 보이지 않았다.

"헉…… 허억……!"

리사는 달음박질을 멈추고 천천히 걸었다. 북악산 쪽에서 바람이 불어와 땀방울이 송글송글 맺힌 이마를 쓸고 지나갔다. 리사의 안색이 우울하게 변했다.

"대체 어쩌자고 그런 멍청한 짓을 저질렀을까? 선재 그 녀석 분명 자존심이 많이 상했을 거야."

시무룩하게 중얼거리던 리사가 우뚝 걸음을 멈추었다. 그녀의 눈꼬리가 하늘로 향했다.

"뭐야…… 설마 내가 이선재를 걱정하고 있는 거야?"

리사가 고개를 휙휙 가로저었다.

"아니야! 절대로 그럴 리가 없지!"

누군가 부르는 소리가 들려온 것은 그때였다.

"어이, 학생!"

돌아보는 리사의 눈에 헌책 몇 권을 깔아놓은 채 담벼락 밑에 쪼그리고 앉아 있는 노인의 모습이 들어왔다. 차림새는 허름했지만 흰 수염을 길게 기른 노인에게선 범접하기 힘든 기운이 느껴졌다.

"저를 부르셨어요, 할아버지?"

리사가 다가가자 노인이 불쑥 책 한 권을 내밀었다.

"이 책을 한번 읽어보렴."

"이게…… 무슨 책이에요?"

리사가 '세기의 로맨스'라고 적힌 양장본 책 표지를 들여다보며 고개를 갸웃했다. 노인은 아무 대답 없이 빙그레 웃기만 했다. 리사가 책장을 천천히 넘겼다. 책의 첫 장에 '모차르트와 콘스탄체'라는 소제목이 붙어 있었다. 유심히 책장을 들여다보는 리사를 향해 노인이 의미심장하게 말했다.

"원래 모래 속에 진주가 섞여 있는 법. 지금은 볼품없는 녀석이지만 시간이 흐르면 감춰 왔던 빛을 발하며 자신의 가치를 드러내게 된단다. 네가 그 빛을 알아본다면 운명의 사랑을 찾게 될지도 모르지."

리사가 어리둥절한 표정을 지었다.

"대체 무슨 말씀이신지…… 아앗!"

동시에 노인이 감쪽같이 사라져버렸음을 깨닫고 리사가 새된 소리를 질렀다. 노인만이 아니라 노인이 길바닥에 펼쳐놓은 좌판까지 흔

적조차 남지 않았다.

"이, 이게 대체 어떻게 된 노릇이지?"

황당한 눈으로 주위를 두리번거리던 리사가 다시 한 번 소스라치게 놀랐다. 오른손으로 펼쳐든 책장에서 눈부신 빛이 새어나오고 있었기 때문이다.

후우웅-

점차 강렬해지는 빛에 얼굴을 환하게 물들인 채 리사가 질린 눈으로 책장을 보았다.

"대체 무슨 일이 벌어지고 있는 거야? 누가 나 좀 도와주세요. 꺄아아악!"

책장에서 빛이 폭발하듯 뿜어지는 순간 리사가 째져라 비명을 내질렀다. 거대한 풍선처럼 부풀어 오른 빛이 리사는 물론 주변의 사물까지 집어삼켜버렸다. 빛의 후폭풍에 지진이라도 난 듯 땅이 흔들리며 흙먼지가 일어났다. 어둠을 밀어 올리며 저녁 하늘에 닿을 듯 부풀었던 빛이 어느 순간 거짓말처럼 사그라졌다.

빛과 함께 리사의 모습도 감쪽같이 사라져버린 후였다.

리사는 눈을 꼭 감고 서 있었다. 망막으로 파고든 강한 빛 때문에 한동안 눈을 뜰 수가 없었다. 그녀의 마음속은 혼란으로 가득했다.

'무슨 일이 벌어지고 있는 거지? 수상한 책에서 뿜어진 그 강렬한 빛은 대체 뭐였지?'

아직도 빛이 비출까 봐 두려운 리사가 살며시 실눈을 떴다. 리사는 자신이 빛이 사라진 어두운 길 한복판에 서 있음을 깨닫고 안도했다.

"후우~ 모든 게 정상으로 돌아왔구나."

하지만 그녀는 곧 결코 정상적이지 못한 상황에 처했음을 깨달았다. 일단 주위의 풍경이 이상했다. 고급 주택가를 대신해 주변을 에워싼 높다란 석조건물들은 18세기 유럽의 주택들을 연상시켰다. 주택들의 지붕 너머로 웅장하게 치솟은 성당은 언젠가 미술시간에 배운 바로크양식이란 단어를 떠올리게 만들었다. 건물들뿐이 아니었다. 아스팔트 대신 큼직큼직한 돌이 깔린 거리에는 자동차가 아닌 마차가 다녔고, 그 사이로 모자를 눌러쓰고 외투를 걸친 남자들과 허리를 졸라맨 롱드레스에 숄을 걸친 여자들이 쌀쌀한 초봄의 바람을 맞으며 종종걸음을 치는 게 보였다. 리사도 아직 파티용 드레스를 입고 있었기에 망정이지 이상해 보일 뻔했다.

"맙소사…… 이건 마치 중세 유럽의 도시에 와 있는 것 같잖아!"

물론 리사는 그런 일은 불가능하다고 믿었다. 그런데 눈앞에서 생생하게 펼쳐지고 있는 저 낯선 풍경은 무엇이란 말인가.

"어쩌면 꿈을 꾸고 있는 건지도 몰라. 아야야!"

자신의 볼을 힘껏 잡아당기며 리사가 비명을 질렀다. 눈물까지 찔끔거리며 그녀가 얼얼해진 볼을 쓰다듬었다.

"쳇, 이렇게까지 아픈 걸 보면 꿈은 아니군."

리사가 투덜거리고 있을 때 다급한 외침이 들려왔다.

"여기 의사 없어요? 우리 엄마를 좀 살려주세요!"

기다란 머리카락을 풀어헤친 스무 살 정도의 청년이 헐레벌떡 달려오는 게 보였다. 평범한 셔츠 위에 재킷을 걸친 청년은 크고 심각해 보이는 눈동자에 병자처럼 창백한 얼굴을 하고 있었다. 결코 미남이라고 할 수는 없는 청년이 리사 앞에 우뚝 멈춰 서서 눈물을 글썽이며 물었다.

"꼬마 아가씨, 혹시 의사 선생님이 어디에 계시는지 알고 있어?"

"저기…… 그게……."

서양인인 청년과 말이 통한다는 사실에 어리둥절해 하고 있던 리사가 반말로 물었다.

"왜? 누가 아파?"

"우리 엄마가 돌아가시려 하고 있어."

"저런, 미안하지만 나도 의사 선생님이 어디 있는지는 몰라. 대신 오빠와 함께 찾으러 다녀줄게."

"정말 고맙구나."

"그 전에 한 가지만 물어볼게. 지금은 몇 년이고, 이곳은 어디야?"

"1777년의 파리잖니."

그것도 모르냐는 듯 말하는 청년의 얼굴을 보며 리사가 입을 쩍 벌렸다.

"맙소사…… 내가 18세기의 프랑스 파리에 와 있다고?"

리사는 혼란스러워서 머리가 터져버릴 것 같았다. 이 모든 게 꿈처럼

모차르트와 콘스탄체

여겨졌지만, 그러기엔 거리와 사람들이 너무 선명했다. 리사는 놀라움을 잠시 접어둔 채 청년과 함께 의사를 찾아 거리를 헤매기 시작했다.

"여기 의사 선생님 안 계세요?"

"사람이 죽어가고 있어요! 누가 의사 선생님 좀 불러주세요!"

한 건물의 창문이 벌컥 열리더니 콧수염을 멋지게 기른 남자가 얼굴을 내밀었다.

"내가 의사요. 대체 무슨 일이오?"

"저희 엄마가 죽어가고 있어요! 제발 도와주세요, 선생님!"

"거기서 잠깐만 기다리시오."

잠시 후, 허름한 여인숙의 침대에 누워 숨을 헐떡이는 여인의 상태를 확인한 의사가 우울한 얼굴로 고개를 가로저었다.

"이미 늦었네. 마지막 임종이나 지켜주게."

청년이 의사의 멱살을 와락 움켜잡으며 울부짖었다.

"우리 엄마는 이대로 죽으면 안 돼요! 나 때문에 머나먼 파리까지 와서 고생만 했단 말입니다!"

리사가 청년의 팔을 붙잡고 만류했다.

"제발 진정해!"

"으흐흑, 엄마!"

청년이 의사를 풀어주고 여인의 가슴에 엎드렸다. 여인이 떨리는 손을 뻗어 아들의 머리를 쓰다듬어주었다.

Let it go

"내 사랑스런 아들 볼프강……."

"엄마, 제발 죽지 마세요."

"미안하구나. 네가 성공하는 모습을 꼭 보고 싶었는데."

"엄마……."

여인의 손등에 볼을 문지르며 아이처럼 흐느끼는 청년을 보고 리사도 눈시울이 붉어졌다. 한 번도 가슴 아픈 일을 겪어본 적이 없는 리사에게 눈앞에서 엄마를 잃는 청년의 모습은 충격 그 자체였다.

"볼프강…… 반드시 역사에 길이 남을 음악가가 되기를……."

투욱!

마침내 여인의 손이 힘없이 떨어졌다. 청년이 여인의 시신을 끌어안고 울부짖었다.

"엄마!"

3
볼프강 아마데우스 모차르트

 다음 날 파리 변두리의 성당에서 장례식이 조촐하게 치러졌다. 조문객이라곤 리사 한 명뿐이었다. 장례식이 끝나고 따사로운 봄 햇살이 비추는 무덤가에 볼프강은 멍하니 앉아 있었다. 리사는 그의 앞에 서서 얼굴을 조용히 내려다보았다. 마치 영혼을 잃어버린 듯한 볼프강을 위로해주고 싶었으나 선뜻 입이 떨어지지 않았다. 리사는 누군가를 위로하는 데 익숙하지 않은 것이다.
 리사가 머뭇거리는 사이 볼프강이 먼저 입을 열었다.
 "나는 여섯 살 때부터 아버지와 함께 유럽 전역으로 연주 여행을 다녔어. 다섯 번째 생일날 미뉴에트와 트리오를 삼십 분만에 익혀버린 나는 신동으로 유명해졌기 때문에 가는 곳마다 사람들이 몰려들었지. 하지만 썩 유쾌한 여행은 아니었어. 아버지는 내가 음악가로 대성하기를 바랐지만 한편으론 돈벌이 수단으로 여겼거든."

쓸쓸함이 짙게 배어 있는 볼프강의 목소리에 리사는 귀를 기울였다.

"여행에서 돌아온 나는 고향 잘츠부르크의 대주교인 지기스문트님에 의해 콘서트 마스터로 임명되었어. 그 후 지기스문트님의 후원을 받으며 비교적 안정적으로 작곡 활동에 전념할 수 있었지만 오 년 전에 히에로니무스님이 새로운 대주교로 임명되면서 문제가 생겼어. 자유로운 창작 활동을 지지해주었던 지기스문트님과는 달리 히에로니무스님은 틀에 박힌 종교음악만을 강요했지.

유력자의 후원 없이 음악가로 살아가는 게 불가능하다는 걸 알지만 나는 조금씩 음악적 상상력이 고갈되는 것을 느끼며 괴로워했어. 이런 고민을 아버지께 털어놓았지만 오히려 히에로니무스님에게 잘 보여야 한다며 꾸짖으셨지. 결국 나는 잘츠부르크와 아버지에게 넌더리가 나고 말았어. 그래서 히에로니무스님의 후원을 뿌리치고, 아버지 대신 엄마와 함께 더 나은 일자리를 찾아 여행을 떠나왔던 거야."

"그렇게 된 거였구나."

볼프강이 머리를 감싸 쥐었다.

"하지만 일은 뜻대로 풀리지 않았어. 이미 스무 살이 넘어버린 나는 더 이상 신동도 아니었고, 후원자조차 없는 천덕꾸러기에 불과했으니까."

볼프강이 절망적인 목소리로 내뱉었다.

"엄마의 죽음과 함께 이 모차르트의 음악 인생도 끝장나버린 거야."

"모, 모차르트라구?"

리사가 입을 쩍 벌렸다. 고작 열네 살의 그녀였지만 모차르트라는 이름만은 알고 있었다. 특히 엄마인 성 여사는 리사를 가졌을 때 태교를 위해 모차르트의 음악을 사용했을 정도로 철저한 팬이었다. 그러고 보니 수상한 책장수 노인에게 선물 받은 '세기의 로맨스' 첫 장에도 모차르트라는 이름이 등장했던 것이다.

"볼프강이란 이름을 어디서 많이 들어본 것 같더라니, 볼프강 아마데우스 모차르트의 그 볼프강이었구나."

"네가 어떻게 내 미들네임까지 알고 있지?"

"그게 중요한 게 아니야. 그보다 정말 음악을 그만둘 생각이야?"

"음악 때문에 엄마까지 잃었어. 음악이라면 이제 지긋지긋해."

"절대 포기하면 안 돼!"

버럭 소리치는 리사를 볼프강이 이상하다는 듯 쳐다보았다.

"대체 왜 안 된다는 거지?"

"그건……."

먼 미래에서 당신은 모든 사람의 추앙을 받는 대음악가가 되어 있을 테니까, 라고 리사는 차마 말하지 못했다. 지금이 현실인지 꿈속인지 알 수는 없었지만 왠지 볼프강에게 함부로 미래를 알려줘서는 안 되겠다는 생각이 스쳤기 때문이다. 대답을 기다리며 자신을 빤히 쳐다보는 볼프강과 시선을 마주하고 있던 리사가 손가락을 들어 성당 쪽을 가리켰다.

"우리 성당에 가보자."

"성당에는 왜?"

"잔말 말고 일단 따라와."

"어어……!"

리사가 볼프강을 억지로 성당 쪽으로 끌고 갔다.

성당 안은 사람 한 명 없이 창문을 통해 스며든 햇살만이 고요한 공간을 비추고 있었다. 리사가 볼프강을 성당 구석에 놓여 있는 오르간 앞으로 인도했다.

"한 곡만 연주해줘."

"음악을 그만두겠다는 말 못 들었니?"

"그만둘 때 두더라도 한 곡 정도는 연주해줄 수 있잖아."

"거절이야."

"쩨쩨하게 굴지 말고 해주라."

"너 정말!"

볼프강이 발끈했지만 리사는 꿈쩍도 하지 않았다. 당돌한 리사의 눈빛을 마주하던 볼프강이 어깨를 축 늘어뜨렸다.

"후우~ 네 고집도 알아줘야겠구나."

볼프강이 결국 오르간 앞에 앉았다. 한동안 뚫어져라 건반을 내려다보던 그가 두 손을 천천히 들어올렸다. 숨을 짧게 들이마시는가 싶더니, 그의 손가락이 능숙하게 건반을 어루만졌다.

♩♪~♬♬~♪♪~♬~♬♪~♬~♪♪~♩~

지금껏 들어본 적 없는 아름다운 선율이 햇빛 풍성한 성당 안에 울려 퍼지기 시작했다. 햇빛 속의 뿌연 먼지들이 음악에 맞춰 춤을 추는 것 같았다. 때론 서글프고, 때론 격정적인 연주를 들으며 리사는 몽롱한 기분이 들었다. 그것은 마치 따뜻한 물에 몸을 담근 것처럼 편안한 느낌이었다. 꼭 집어 말할 순 없지만 리사는 그의 음악으로 인해 자신의 마음이 한 단계 성장하는 느낌을 받았다. 슬프지도 않았는데 눈물 한 방울이 뚝 떨어졌다. 어째서 음악을 위대하다고 하는지 어렴풋이 알 것 같았다. 음악은 사람들의 영혼을 정화시켜 그들이 세상을 조금 더 아름답게 변화시키도록 격려해주는 것이다.

리사가 그윽한 눈길로 어느새 머리를 살짝살짝 흔들며 연주에 몰두하고 있는 볼프강을 바라보았다. 그의 얼굴을 뒤덮고 있던 절망의 그림자는 이미 사라졌다. 방금 전까지 음악을 그만두겠다고 다짐했던 얼굴은 새로운 열정과 기쁨으로 빛을 발하고 있었다.

'아…… 저 남자는 진심으로 음악을 사랑하는구나!'

행복에 겨운 볼프강을 보며 리사는 속으로 중얼거렸다. 마침내 건반 위를 질주하던 모차르트의 손가락이 멈추었다. 성당 안은 다시 묵직한 침묵에 잠겼다. 하지만 위대한 음악이 남겨준 여운만은 길고 진했다.

"이게 무슨 곡이야?"

"파리 여행을 떠올리며 작곡 중인 교향곡 〈파리〉의 일부분이야."

"잘은 모르지만 정말 대단한 곡 같아. 어때, 아직도 음악을 그만둘

작정이야?"

"……."

잠시 고민하던 볼프강이 천천히 입을 열었다.

"나는 음악을 떠나서는 살 수 없을 것 같아. 하지만 엄마한테 너무 미안해서……."

리사가 힘주어 말했다.

"어머니도 당신이 위대한 음악가가 되는 게 소원이라고 하셨잖아. 이제부터 내가 도와줄 테니까 음악에 전념하도록 해."

"꼬맹이인 네가 뭘 어떻게 돕겠다는 거야?"

"꼬맹이라니? 이렇게 예쁜 꼬맹이 봤어?"

눈꼬리를 치켜세우는 리사를 보다가 볼프강이 피식 웃어버렸다.

"우린 어제 길거리에서 처음 만난 사이잖아. 그런데 왜 날 돕겠다는 거지?"

"당신의 음악에 감동받았으니까. 당신의 팬이라고 해두지. 그리고……."

"그리고?"

"우리 엄마도 당신의 광팬이거든."

"광팬이 뭔데?"

"광적으로 좋아하는 팬!"

"흐음……."

턱을 매만지며 생각에 잠겨 있던 볼프강이 불쑥 물었다.

"그런데 리사는 집이 어디야?"

"그, 그게……."

"자기 집도 모른다는 말이야?"

우물쭈물하던 리사가 한숨을 푸욱 쉬었다.

"실은 집이 없어."

"……?"

"설명하자면 길어. 그냥 집 잃은 떠돌이라고 생각하면 돼."

급한 김에 둘러댔지만 완전한 거짓은 아니었다. 이 과거에선 리사는 집도, 가족도 없는 외톨이인 것이다. 문득 설움이 복받친 리사의 눈시울이 붉어졌다. 그런 리사를 측은하게 보던 볼프강이 그녀의 손을 덥석 잡았다.

"나도 아버지 때문에 어려서부터 이곳저곳을 떠돌며 살았지. 그래서 집이 없다는 게 어떤 기분인지 알아. 네가 원한다면 당분간 함께 다니자. 우린 분명 서로에게 도움이 될 거야."

아이처럼 순수하게 빛나는 볼프강의 눈동자를 보며 리사는 순간적으로 선재의 얼굴을 떠올렸다. 선재도 꼭 저런 눈빛을 하고 있었던 것이다. 그래서인지 리사는 볼프강이 왠지 믿음직스럽게 느껴졌다.

"응, 우리 서로를 돕기로 해."

"일단 오스트리아로 돌아가자. 파리는 이제 지긋지긋해."

봄이 깊어갈 무렵, 볼프강과 리사는 라인강 어귀에 자리 잡은 독일

의 항구도시 만하임에 도착했다. 만하임은 조용하고 고전적인 도시였다. 그곳의 평화로운 분위기에 끌린 볼프강은 한동안 머물기로 했다. 그는 음악도를 꿈꾸는 만하임 귀족가 자제들을 가르치고, 18세기 유럽 최초의 관현악단인 만하임 관현악단의 연주를 들으러 다니기도 했다. 리사도 볼프강을 따라다니며 지금껏 알지 못했던 음악의 세계에 푹 빠져들었다.

오전에 관현악단의 연주를 들은 후 대서양에서 불어오는 상쾌한 해풍을 맞으며 여인숙으로 돌아오던 볼프강과 리사는 갑작스런 노랫소리에 걸음을 멈추었다. 맑고 청아한 노랫소리에는 묘하게도 사람의 감정을 흔드는 힘이 실려 있었다. 숨을 죽인 채 귀를 기울이던 볼프강이 리사를 휙 돌아보았다.

"리사, 어떤 거 같아?"

"응, 뭐가?"

"이 노랫소리 말이야."

볼프강이 손바닥으로 가슴을 짚었다.

"심장이 막 두근거리며 구름 한 점 없는 새파란 하늘을 둥둥 떠다니는 기분이야."

"신기하네. 나도 비슷한 느낌을 받았거든."

"그렇지? 리사도 분명히 느꼈지? 누가 저렇게 아름다운 노래를 부르는지 당장 가보자."

볼프강과 리사가 노랫소리가 들려오는 방향으로 달음박질을 쳤다.

볼프강 아마데우스 모차르트

노래는 웬 허름한 이 층 주택에서 들려왔다. 수수한 원피스 차림의 아가씨가 이층 테라스에서 빨래를 널며 노래를 부르고 있었다. 머리카락을 단정하게 묶은 아가씨는 이목구비가 또렷한 미인이었다. 특히 아가씨의 짙은 눈썹과 파란 눈동자는 그녀의 당찬 성격을 대변해 주는 것 같았다.

두 손을 모은 채 아가씨의 아름다운 목소리에 귀를 기울이고 있던 볼프강은 노래가 끝나자마자 열렬히 박수쳤다.

"브라보! 브라보!"

"!"

아가씨가 흠칫 아래쪽을 내려다보았다. 그리고 아직도 손뼉을 마주치고 있는 볼프강과 그를 말리는 리사를 향해 물었다.

"당신들은 누구죠?"

볼프강이 가슴에 손을 얹으며 정중히 고개를 숙였다.

"저는 잘츠부르크의 음악가 모차르트라고 합니다. 이쪽은 친구인 리사라고 하지요."

아가씨가 의심스런 표정으로 고개를 까닥였다.

"저는 알로이지 베버예요. 그런데 갑자기 왜 박수를 치신 거죠?"

"아가씨의 노래에 감동받았습니다. 혹시 성악가이신가요?"

"정식 성악가는 아니지만 가수가 되려고 독학하고 있어요."

"호오, 그러시군요. 그렇다면 제가 한 가지 제안을 드려도 될까요?"

"제안이라면 무슨……?"

74 　모차르트와 콘스탄체

"아가씨가 훌륭한 가수가 될 수 있도록 제가 레슨을 해드리겠습니다. 주변에 수소문해보면 아시겠지만 제가 이래봬도 잘츠부르크 대성당의 콘서트 마스터로서 제법 이름을 날렸던 작곡가이자 연주가랍니다."

"볼프강, 무슨 짓이야? 당신은 자신의 음악을 하기에도 바쁘잖아."

볼프강의 소매를 잡아당기던 리사가 멈칫했다. 알로이지를 올려다보는 그의 눈이 별처럼 반짝이는 것을 발견했기 때문이다. 리사의 나이 고작 열네 살이었지만, 오직 사랑에 빠진 사람만이 저런 눈빛을 한다는 사실쯤은 알고 있었다.

잠시 고민하던 알로이지가 고개를 가로저었다.

"말씀은 고맙지만 사양하겠어요. 저는 가난해서 레슨을 받을 여유가 없답니다."

"돈이라면 걱정 마십시오. 무료로 지도해드릴 테니까요."

"예에, 무료로요?"

알로이지는 물론 리사도 눈을 동그랗게 떴다. 특히 생활비가 떨어져 현재 머물고 있는 여인숙에서도 나가야 할 판이라는 사실을 알고 있는 리사로서는 기가 막힐 노릇이었다. 리사가 그의 옆구리를 쿡 찌르며 으름장을 놓았다.

"제발 정신 좀 차려. 우리가 여인숙에서 쫓겨나기 일보직전이란 사실을 잊은 거야?"

"아차차, 내 정신 좀 보게."

모차르트와 콘스탄체

"휴우……."

손바닥으로 이마를 때리는 볼프강을 보며 리사가 한숨을 쉬었다. 볼프강은 음악적으론 천재였지만 현실적인 문제에선 리사보다 더 어린아이 같았다.

볼프강이 고민에 빠져 있을 때 다행히 알로이지가 정색하며 말했다.

"역시 안 되겠어요. 잘 알지도 못하는 분께 이유 없는 호의를 받을 수는 없으니까요."

"당연한 말이야."

제법 양심적인 아가씨라고 생각하며 리사가 고개를 끄덕였다. 이때 볼프강이 손가락을 딱 튕기며 외쳤다.

"방금 좋은 생각이 떠올랐어요!"

"좋은 생각이라뇨?"

"어차피 나와 리사는 당장 숙소가 필요해요. 그러니까 알로이지의 집에서 우리 두 사람이 묵을 수 있도록 해주세요. 그런 다음 내가 무료로 레슨을 해주면 양쪽 모두에게 이득이 되는 거잖아요."

"흐음……."

그럴 듯한 제안이라고 생각했는지 알로이지가 심각하게 고민에 빠졌다.

"언니, 무슨 일인데 그래?"

이때 알로이지의 옆으로 누군가 모습을 드러냈다. 알로이지보다 두어 살쯤 어릴까? 알로이지에 비해 미모도 한참 떨어지고, 굼떠 보이

는 아가씨였다. 그녀가 테라스 밖 볼프강의 얼굴을 뚫어져라 쳐다보았다. 볼프강을 주시하는 그녀의 눈에 강렬한 호기심이 어렸다.

볼프강이 그녀를 가리키며 물었다.

"알로이지, 저 아가씨는 누구인가요?"

"제 동생인 콘스탄체예요."

볼프강이 싱긋 웃으며 고개를 가볍게 숙였다.

"안녕하십니까, 콘스탄체 양? 저는 잘츠부르크 대성당의 콘서트 마스터로 일했던 음악가 모차르트라고 합니다."

"아, 예. 그러시군요."

고개를 끄덕이는 콘스탄체의 볼이 살짝 붉어졌다. 볼프강이 미소 지을 때 살짝 드러나는 하얀 앞니가 그녀의 눈에 선명하게 각인되는 느낌이었다.

"모차르트 씨가 내 목소리가 마음에 든다며 가수가 될 수 있도록 무료로 지도해주시겠다는 거야."

"정말?"

"응. 하지만 나는 잘 알지도 못하는 분한테 호의를 받는 게 왠지 불편해서……."

"당장 하겠다고 해!"

"뭐라고?"

"모르겠어? 이건 굉장한 기회라구."

"하지만 콘스탄체……."

78 모차르트와 콘스탄체

콘스탄체가 발랄한 목소리로 볼프강을 향해 말했다.

"지금 문을 열어 드릴 테니까 위로 올라오세요!"

"콘스탄체!"

언니가 부르는 소리를 무시하고 콘스탄체는 아래층으로 달려 내려갔다.

알로이지의 집은 바깥에서도 허름해 보였지만 내부는 더욱 초라했다. 일층은 집주인이 사용하고 이층만 알로이지 가족이 세 들어 살고 있었는데 계단을 밟을 때마다 삐거덕거리는 소리가 울려 퍼졌다.

이층으로 올라서며 리사가 재빨리 좁은 거실을 둘러보았다. 빛바랜 벽지 군데군데 얼룩이 번져 있는 거실은 고상함이라곤 느껴지지 않는 값싼 가구들로 채워져 있었다. 구멍이 숭숭 뚫린 소파에 알로이지와 콘스탄체의 아빠와 엄마로 보이는 중년 부부가 앉아서 볼프강과 리사를 뚫어져라 쳐다보았다. 자매는 부부의 옆쪽에 나란히 서 있었다.

볼프강이 가슴에 손을 대며 꾸벅 머리를 숙였다.

"안녕하십니까? 저는 볼프강 아마데우스……."

부부 중 남자가 말꼬리를 싹둑 잘랐다.

"당신이 누구인지는 이미 알고 있소, 모차르트 씨. 나도 한때는 잘나가는 가수였소. 당연히 잘츠부르크의 신동에 대해 들어보았지."

"그럼 지금도 가수로 활동 중이십니까?"

남자가 불쾌한 듯 미간을 찌푸렸다.

"지금은 은퇴하고 무대 뒤에서 배우들에게 대사를 읊어주는 일을 하고 있소."

"아, 그러시군요."

볼프강이 어색하게 미소 지을 때, 부부 중 여자가 불쑥 끼어들었다.

"나는 알로이지의 엄마예요."

"아, 예."

"듣자하니 우리 알로이지에게 레슨을 해주겠다고요? 우리 집에서 공짜로 숙식을 제공받는 조건으로 말이에요."

공짜라는 말을 유난히 강조하는 강퍅한 부부의 얼굴을 쳐다보며 리사는 왠지 이 가족하고는 엮이지 않는 게 좋을지도 모른다는 불길한 예감에 휩싸였다. 리사의 마음을 아는지 모르는지 볼프강이 뒤통수를 긁적이며 헤벌쭉 웃었다.

"염치없는 부탁인 줄 알지만 허락해주십시오. 알로이지 같은 아가씨를 훌륭한 가수로 키워내는 것도 음악가로서 보람 있는 일이거든요."

알로이지 쪽에서 사정해도 부족할 판에 오히려 허리를 굽히는 볼프강을 보며 리사는 답답해서 가슴이라도 두드리고 싶은 심정이었다. 알로이지의 아빠와 엄마가 재빨리 눈짓을 교환하는 게 보였다.

아빠가 흠흠, 헛기침을 하며 말했다.

"두 사람이나 재우고 먹이려면 우리로서야 큰 손해가 아닐 수 없소. 우리 알로이지뿐 아니라 동생 콘스탄체까지 가르쳐준다면 생각해보리다."

모차르트와 콘스탄체

"이런 도둑……."

발끈하는 리사의 입을 틀어막으며 볼프강이 말했다.

"당연히 콘스탄체 양도 지도하겠습니다."

"꺄아~ 신 난다!"

떨떠름한 알로이지와는 달리 콘스탄체는 손뼉을 치며 기뻐했다. 리사는 껑충껑충 뛰는 콘스탄체를 지켜보며 아무래도 저 순박하게 생긴 아가씨가 볼프강에게 크게 호감을 가진 것 같다고 생각했다.

"콘스탄체 양?"

"옙!"

볼프강이 부르자 콘스탄체가 별처럼 눈을 빛내며 대답했다.

"발성을 한 번 해보겠어요?"

"발성이라고요?"

"언니의 노래는 이미 들었으니 동생에게도 재능이 있는지 확인해보려고요."

"저어, 그게……."

자신이 없는 듯 우물쭈물하던 콘스탄체가 마지못해 입을 활짝 벌렸다.

"아아아아아~ 아아아아~ 아아아아아아아~"

리사는 귀를 틀어막을 수밖에 없었다. 장담하건대, 지금껏 이렇게 지독한 목소리는 들어본 기억이 없었다. 발성인지 괴성인지를 끝내고 배를 불룩 내민 채 서 있는 콘스탄체를 보며 리사는 이번만은 볼프강도 포기할 수밖에 없으리라 확신했다. 이때 볼프강의 박수 소리가 들려왔다.

짝짝짝!

"매우 훌륭해요!"

"제정신이야? 저 끔찍한 소리가 어떻게 훌륭하다는 거야?"

따지는 리사를 향해 볼프강이 천연덕스럽게 대답했다.

"알로이지의 목소리가 잘 깎은 다이아몬드 같다면 동생인 콘스탄체의 목소리는 아직 다듬어지지 않은 원석 같더군. 물론 다이아몬드를 조금 더 다듬는 것도 중요하지만 원석을 깎아서 보석으로 만드는 것도 보람찬 일이 아닐까?"

"헐……!"

말이 되지 않는 궤변에 리사는 실소했다. 하지만 이 궤변이 알로이지의 부모에게는 효과를 발휘한 것 같았다.

"좋소, 오늘부터 우리 아이들에게 레슨을 해주시오."

"감사합니다! 감사합니다!"

연신 허리를 숙여대는 볼프강을 리사가 한심한 듯 쳐다보았다.

"대체 뭐가 감사하다는 건지, 원!"

그때부터 볼프강과 리사는 베버가에서 묵게 되었다. 볼프강은 하루 두세 시간씩 알로이지와 콘스탄체에게 성악 레슨을 해주고 그 대가로 숙식을 제공받았지만 그 숙식이란 것이 형편없었다. 리사와 볼프강은 햇빛도 들지 않는 골방을 써야 했다. 알로이지의 엄마 체칠리

베버가 틈날 때마다 생색내는 그 식사라는 것도 딱딱한 빵에 스프 한 접시가 고작이었다. 게다가 알로이지의 아빠 프리돌린 베버는 시도 때도 없이 리사에게 청소와 심부름을 시키곤 했다. 자존심 강한 리사가 고분고분할 리 없는지라 하루에도 몇 번씩 말다툼이 벌어졌다. 그러면 음악을 가르치던 볼프강이 부리나케 달려와 대신 걸레질을 했다.

"쳇, 레슨도 모자라서 청소까지 시켜? 창피한 짓 그만두고 이 감옥 같은 집을 떠나자고, 볼프강."

리사가 투덜댔지만 볼프강은 첫사랑에 빠진 소년처럼 행복해 보였다.

"너무 나쁘게만 생각하지 마. 나날이 실력이 늘어가는 알로이지를 보면 흐뭇하지 않니?"

"나와는 상관도 없는 일인데 뭐가 흐뭇하긴 뭐가 흐뭇해."

"미안, 미안. 알로이지가 가수로 데뷔할 때까지만 참아보자."

"쳇, 알로이지도 오빠를 좋아하는지는 모르겠군."

마지막 말만은 진심이었다. 리사는 도무지 알로이지의 속내를 알 수가 없었다. 알로이지는 분명 성악가로서 재능이 있었다. 그리고 그녀의 재능은 볼프강이란 천재적인 스승을 만나 눈부신 발전을 거듭하고 있었다. 잘 모르는 리사가 보기에도 알로이지는 가수로 크게 성공할 게 분명했다.

알로이지 역시 볼프강을 존경하며 감사해 하고 있는 건 보였지만 그녀가 볼프강을 이성으로서 좋아하는지는 모를 일이었다. 그녀는 언제나 볼프강과 적당한 거리를 유지하고 지나칠 정도로 예의를 지

켰다. 알로이지의 이성적인 모습은 그녀가 볼프강을 좋아하지 않는다는 의심을 불러일으키기에 충분했다.

이런 알로이지와 달리 오히려 콘스탄체가 볼프강의 얼굴만 마주하면 싱글벙글이었다. 볼프강에게 칭찬이라도 한 마디 들으면 얼굴이 환해지는 것이 그를 좋아하고 있는 것이 분명했다. 하지만 볼프강은 콘스탄체에게 전혀 마음이 없었다.

"사랑의 감정이란 게 참 묘하구나. 내가 좋아하는 사람은 나를 좋아하지 않고, 내가 좋아하지 않는 사람은 나를 좋아하고……."

리사가 애늙은이 같은 표정으로 고개를 설레설레 흔들었다.

4 알로이지와 콘스탄체

볼프강과 알로이지가 평행선 같은 관계를 이어가는 사이 봄이 지나고 여름이 시작되었다. 라인강을 타고 불어온 바람이 훈훈해지고, 울창한 가로수 아래를 걸어가는 사람들은 하나같이 가벼운 차림새였다. 여름의 시작과 함께 볼프강은 드디어 목적을 이루게 되었다. 만하임 관현악단에서 볼프강의 거듭된 부탁을 받아들여 알로이지를 테스트하기로 한 것이다.

"서둘러요! 이러다 늦겠어요!"

화창한 아침, 베버가의 창문 밖으로 볼프강의 다급한 목소리가 새어나왔다. 이층 거실에서 볼프강은 초조한 듯 빙글빙글 맴을 돌았다. 그 옆에서 체칠리는 딸에게 빌려 입힌 롱드레스의 허리끈을 조이느라 용을 쓰는 중이었다. 리사와 콘스탄체는 나란히 서서 알로이지의 허리가 뚝 부러져버리는 것은 아닌지 걱정스럽게 지켜보았다. 프리돌린은 아침부터 담배를 뻑뻑 피워 거실 전체를 너구리굴처럼 만들었다.

볼프강이 더 이상 참지 못하고 체칠리에게 말했다.

"부인, 이젠 정말 시간이 없다니까요."

"거의 다 됐어. 어쨌든 의상이 훌륭해야 테스트도 통과될 거 아니야."

잠시 후, 만하임 관현악단으로 헐레벌떡 달려간 볼프강, 알로이지, 리사, 콘스탄체는 결국 약간 늦고 말았다. 사무실 안으로 들어가니 악단장과 나이 많은 몇몇 심사위원들이 불쾌한 얼굴로 앉아 있었다.

알로이지를 대신해 볼프강이 심사위원들을 향해 허리를 꾸벅 숙였다.

"정말 죄송합니다. 서두른다고 했는데 살짝 늦고 말았습니다."

콧수염을 베베 꼬며 악단장이 짜증스럽게 말했다.

"알았으니까 빨리 시작하시오. 어차피 가수로 뽑을 확률은 거의 없을 테지만."

동시에 알로이지의 얼굴이 절망으로 일그러졌다. 볼프강이 알로이지의 손을 힘주어 잡았다.

"당신은 내가 본 가장 멋진 가수요. 부디 용기를 내요."

"예, 그럴게요."

알로이지가 미소를 되찾으며 고개를 끄덕였다. 숨을 크게 들이마시며 그녀가 심사위원들 앞으로 다가갔다. 악단장이 별 기대도 하지 않는다는 듯 팔짱을 꼈다.

"아무 노래나 해보시지."

"예? 아, 예."

알로이지가 당황하는 사이 볼프강이 재빨리 오르간 앞에 앉았다. 그가 장난스럽게 건반을 두드리며 알로이지의 긴장을 풀어주었다.

"자, 시작해볼까?"

"좋아요."

목청을 가다듬은 알로이지가 볼프강의 익숙한 연주에 맞춰 노래하기 시작했다. 청아하면서도 자신감 넘치는 노랫소리가 사무실 안으로 퍼져나갔다. 제일 먼저 악단장이 팔짱을 풀었다. 다른 심사위원들도 꼬았던 다리를 풀고 허리를 꼿꼿이 세웠다. 리사도 어느새 눈을 지그시 감은 채 감미로운 목소리에 귀를 기울였다. 지금까지 여러 번 알로이지의 노래를 들었지만 이렇듯 완벽하고 감동적인 적은 없었다.

마침내 알로이지의 노래가 끝이 났다. 볼프강의 오르간 연주도 함께 끝났다. 여운이 짙게 깔린 사무실에서 누구도 선뜻 입을 열지 못했다.

"브라보!"

오르간 앞에서 박차고 일어서며 제일 먼저 박수친 사람은 다름 아닌 볼프강이었다. 미친 듯이 손뼉을 마주치며 자신이 추천한 가수에게 브라보를 연발하는 볼프강을 악단장과 심사위원들이 황당한 듯 쳐다보았다.

"훌륭했어요."

알로이지와 콘스탄체

"정말 대단한 노래였소."

"당장 우리 악단과 계약합시다."

하지만 그들도 머지않아 볼프강을 따라 박수쳤다. 그만큼 알로이지의 노래는 대단한 것이었다. 기쁨에 들뜬 알로이지가 볼프강을 와락 끌어안았다.

"!"

순간 볼프강의 눈이 커다래졌다. 지난 몇 달간 알로이지를 가르쳐 왔지만 단 한 번도 이런 식으로 애정을 표현한 적은 없었기 때문이다. 당황하여 우물쭈물하던 볼프강도 빙그레 미소 지으며 알로이지의 등을 쓸어주었다. 그런 두 사람을 지켜보며 리사도 비로소 볼프강의 사랑이 결실을 맺는 것 같아 기분이 좋아졌다.

"쳇, 왜 껴안고 난리야?"

투덜거리는 소리에 리사가 흠칫 옆을 돌아보았다. 평소에는 그렇게도 생글생글 잘 웃던 콘스탄체가 단단히 화가 난 얼굴로 투덜거리고 있었다. 리사가 콘스탄체를 향해 동정 섞인 목소리로 말했다.

"콘스탄체, 속상하지? 볼프강이 콘스탄체의 마음도 알아주면 좋을 텐데?"

콘스탄체가 리사를 휙 째려보았다.

"무슨 소리를 하는 거야?"

"콘스탄체가 볼프강을 좋아한다는 걸 알고 있어."

"시끄러, 꼬맹아! 네가 뭘 안다고 그래?"

"아얏!"

콘스탄체가 머리를 쥐어박자 리사가 비명을 질렀다. 평소 같으면 콘스탄체에게 달려들어 팔뚝이라도 물어뜯었겠지만 오늘만은 그녀의 기분을 고려해서 참기로 했다. 리사와 콘스탄체가 서로를 흘겨보거나 말거나 볼프강과 알로이지는 서로를 꼭 안은 채였다.

하늘을 날아갈 것만 같던 볼프강의 기분은 사무실 밖으로 나오자마자 산산이 깨어졌다. 밖에서 기다리고 있던 프리돌린과 체칠리 부부 때문이었다. 두 사람은 볼프강과 나란히 나오는 알로이지에게 달려들어 볼에 입을 맞추며 호들갑을 떨었다.

"우리 딸이 드디어 해냈구나!"

"네가 언젠가는 성공할 줄 알았단다!"

리사가 프리돌린과 체칠리를 못마땅하게 보았다. 부모로서 딸의 성공을 기뻐하는 것은 당연했다. 하지만 딸이 성공할 수 있도록 도와준 볼프강에게 감사의 인사 한 마디 건네지 않는 것은 도저히 이해할 수 없었다. 더욱 기가 막힌 일은 그 직후에 벌어졌다.

프리돌린과 체칠리가 볼프강의 눈치를 살피며 알로이지와 콘스탄체의 팔을 잡고 복도 구석으로 끌고 갔던 것이다. 그곳에서 부부가 딸들에게 속삭였다.

"오랜만에 고급 레스토랑에서 가족끼리 식사하자꾸나."

"이렇게 좋은 날 축하주도 한잔 해야지."

염치를 모르는 부부의 목소리가 볼프강과 리사의 귀에도 고스란히 들렸다. 알로이지의 성공에 들떴던 볼프강의 표정이 우울하게 변하는 것을 지켜보던 리사가 참지 못하고 울화통을 터뜨렸다.

"지금 뭐하자는 거예요?"

"어이쿠, 깜짝이야. 왜 소리를 지르고 그러니?"

호들갑스럽게 놀란 척하는 체칠리를 향해 리사가 따졌다.

"알로이지가 누구 덕분에 가수로 데뷔했는데 볼프강만 쏙 빼놓고 축하하러 가겠다는 거냐구요?"

"볼프강이 고생한 건 알고 있어. 하지만 우리도 무료로 숙식을 제공하지 않았니?"

"어떻게 저렇게 뻔뻔할 수가……."

"떽! 어른한테 무슨 말버릇이야?"

프리돌린이 꾸짖었지만 리사는 물러서지 않았다.

"어른이면 어른답게 행동하세요! 딸들 앞에서 부끄럽지도 않아요?"

"뭐가 어쩌고 어째?"

흥분한 리사가 볼프강의 손목을 잡고 획 돌아섰다.

"그만 가자, 볼프강. 저런 사람들 길게 상대해봐야 좋을 게 없어."

하지만 리사는 몇 걸음 옮기지 못하고 멈춰 섰다. 볼프강이 손을 슬그머니 빼냈기 때문이다. 리사가 황당한 듯 돌아보았을 때, 볼프강은 이미 프리돌린과 체칠리에게 사과하고 있었다.

"죄송합니다. 리사가 저를 위해 그런 것이니 용서하십시오."

"왜 우리가 사과해야 하는데?"

리사가 빽 소리치자 볼프강이 움찔했다. 그가 씩씩대는 리사와 베버 부부를 번갈아 쳐다보고 있을 때 알로이지가 나섰다.

"볼프강 씨도 데려가요."

"하지만……."

찜찜한 표정을 짓는 체칠리를 향해 알로이지가 단호하게 말했다.

"리사의 말이 맞아요. 오늘 저 못지않게 축하받을 사람은 바로 볼프강 씨예요."

"알았다, 알았어. 함께 가면 될 거 아니냐."

볼프강이 어린아이처럼 기뻐했다.

"저와 리사도 데려가는 겁니까? 정말 고맙습니다!"

"나는 안 가."

쌀쌀맞게 말하는 리사를 볼프강이 달랬다.

"리사, 그만 화 풀어. 응?"

"저 뻔뻔스런 가족과 밥을 먹으면 체할 것 같단 말이야."

"리사……."

망설이는 볼프강을 향해 체칠리가 최후의 통첩하듯 말했다.

"갈지 말지 빨리 결정해. 우린 배가 고파서 쓰러질 지경이거든."

"가, 가겠습니다."

리사의 기대를 무참히 짓밟으며 볼프강은 결국 베버 부부를 따라나섰다. 리사는 너무 섭섭해서 눈물이 날 것 같았지만 입술을 질끈 깨물며 참았다. 그런 리사를 착잡하게 보다가 알로이지가 고개를 흔들며 돌아섰다.

"볼프강 아마데우스 모차르트……! 세상에서 가장 멍청한 남자 같으니!"

멀어지는 볼프강과 베버 가족의 뒷모습을 보는 리사의 눈가에 눈물이 고였다.

오후 내내 리사는 만하임의 거리를 싸돌아다녔다. 초여름 햇살은 상쾌했고 행인들의 표정도 밝았지만 리사만은 우울했다. 갑자기 뚝 떨어져버린 이 낯선 세계에서 만난 유일한 친구 볼프강마저 자신을 버렸다고 생각하자 화도 나고 속도 상했다.

"쳇, 혼자서 잘 해보라지."

어깨를 축 늘어뜨린 채 리사가 어느새 만하임 항구에 도착했다. 라인강을 오르내리는 크고 작은 배들이 항구를 들락거리는 게 보였다. 강바람이 잔뜩 몰아온 뭉게구름을 멍하니 올려다보던 리사는 땅이 꺼져라 한숨을 몰아쉬었다. 생각할수록 기가 막혔던 것이다. 얼마 전까지 집에서 파티를 즐기고 있었는데 영문도 모른 채 18세기의 유럽으로 떨어져 이런 고난을 당하고 있으니 말이다.

"그나저나 선재 녀석은 잘 있는지 모르겠군. 아앗, 내가 지금 무슨 생각을?"

자신이 하필이면 선재의 얼굴을 떠올렸다는 사실을 깨닫곤 리사가

알로이지와 콘스탄체

소스라치게 놀랐다. 누군가의 손이 뒤쪽에서 그녀의 어깨를 살며시 잡은 것은 그때였다. 빙글 돌아서는 리사 앞에 볼프강이 빙그레 웃으며 서 있었다.

"리사, 이런 곳에 있었구나?"

눈물이 날 정도로 반가웠지만 리사는 고개를 돌려버렸다.

"식사는 맛있게 하고 왔어?"

"비싼 요리를 먹은 거 같긴 한데 맛은 느낄 수조차 없었어. 네 걱정을 하느라고 정신이 하나도 없었거든."

"흥, 이제 보니 거짓말도 잘 하는군."

"거짓말이 아니야. 너를 남겨두고 온 걸 얼마나 후회했는지 몰라."

"으음……."

리사가 아직 화가 풀리지 않은 얼굴로 볼프강을 뚫어져라 보았다. 엄청 미안한 표정으로 뒤통수를 긁적이며 볼프강이 말했다.

"전에도 말했지만 나는 아버지와 사이가 무척 안 좋았어. 아버지는 나를 집안의 재산처럼 취급하며 이성 친구와 사귀는 것조차 반대했지. 음악에 방해가 된다는 게 이유였지만 나로선 받아들이기 힘들었어. 어쩌면 안정된 직장인 잘츠부르크 대성당의 일을 그만둔 것도 아버지의 그늘에서 벗어나기 위한 몸부림이었는지 몰라. 만약 독립하게 된다면 소원이 한 가지 있었는데 그게 뭐였는지 알아?"

잠시 생각하던 리사가 낮게 깔리는 소리로 답했다.

"아버지가 반대한 사랑을 해보는 것?"

"맞아, 바로 그거야."

"……."

"이제 내가 왜 그리 알로이지에게 집착하는지 알겠지? 그녀는 내가 그토록 꿈꿔왔던 사랑이야. 그래서 나는 이 사랑을 포기할 수가 없어. 힘들겠지만 리사가 이런 내 마음을 이해해줘."

입을 꾹 다문 채 볼프강의 얼굴을 들여다보던 리사가 고개를 살짝 끄덕였다.

"알았어."

"고마워, 리사. 역시 넌 좋은 친구야."

볼프강이 리사의 손을 덥석 잡았다. 그리고 그녀를 끌고 빠르게 걸음을 옮겼다.

"배고프지? 내가 맛있는 거 사줄게."

리사의 걱정과는 달리 그 이후 볼프강과 알로이지는 급속도로 가까워졌다. 알로이지가 공연을 마치면 두 사람은 나란히 거리를 산책하고, 해질녘이면 항구가 보이는 카페테리아에서 차를 마시기도 했다. 리사는 볼프강이 소원을 이룰 날이 얼마 남지 않았다며 기뻐했지만 이제 막 시작하는 연인을 지켜보는 베버 부부의 눈길은 곱지 않았다. 콘스탄체도 부쩍 짜증을 부리는 일이 많아져 리사와 말다툼을 벌이곤 했다.

그날 저녁도 볼프강과의 데이트를 마치고 돌아오는 알로이지를 체

칠리가 불렀다.

"알로이지, 우리 잠깐 얘기 좀 하자꾸나."

"무슨 얘기요?"

"일단 방으로 들어가자."

알로이지의 등을 떠밀며 방으로 들어가는 체칠리의 뒷모습을 리사가 불안한 듯 쳐다보았다.

"또 무슨 꿍꿍이지?"

볼프강이 그런 리사의 어깨에 손을 얹으며 빙그레 싱긋 웃었다.

"설마 무슨 일이야 있겠니? 알로이지도 나와 진지하게 사귀겠다고 했으니까 너무 걱정하지 마."

"와, 그럼 고백 받은 거야?"

"내가 먼저 고백하고, 알로이지가 허락한 거지."

"어쨌든 축하해, 볼프강."

쨍강!

접시 깨지는 소리에 리사와 볼프강이 깜짝 놀라 뒤를 돌아보았다. 과일이 담긴 접시를 들고 오던 콘스탄체가 하얗게 질린 얼굴로 서 있는 게 보였다. 리사가 콘스탄체의 창백한 얼굴을 보며 물었다.

"콘스탄체, 괜찮아?"

"으응, 실수로 접시를 깨뜨렸지 뭐야. 내가 가서 빗자루 가져올게."

"콘스탄체, 나랑 잠시 얘기 좀 해."

서둘러 밖으로 나가는 콘스탄체와 따라가는 리사의 뒷모습을 보며

모차르트와 콘스탄체

볼프강이 고개를 갸웃했다.

"왜들 저러지?"

"흐흑!"

콘스탄체는 뒷마당에 쪼그리고 앉아 훌쩍였다. 리사가 그녀의 옆에 앉아 등을 부드럽게 쓰다듬으며 위로했다.

"콘스탄체, 울고 싶은 만큼 울도록 해. 이럴 때는 우는 게 최고라고 했어."

콘스탄체가 눈물범벅의 얼굴을 들고 리사를 돌아보았다.

"리사, 나는 왜 언니처럼 예쁘지 않을까? 나는 왜 언니처럼 노래를 잘 부르지 못할까? 그랬다면 볼프강도 내게 언니의 반만큼이라도 관심을 가져주었을 텐데……."

"콘스탄체……."

리사는 아무런 위로의 말도 못 하고 들썩이는 그녀의 어깨를 살며시 안아주었다.

베버 부부의 방 분위기는 심상치가 않았다. 방 한복판 작은 테이블에 나란히 앉은 부부가 심각한 얼굴로 맞은편 알로이지의 얼굴을 뚫어져라 쳐다보았다. 부모님의 눈초리가 부담스러워진 알로이지가 조심스럽게 물었다.

"대체 무슨 일이에요?"

알로이지와 콘스탄체

체칠리가 눈을 확 치켜떴다.

"알로이지, 볼프강과 정말로 사귈 생각은 아니겠지?"

순간 알로이지의 얼굴도 딱딱하게 굳어졌다. 그녀가 올 것이 왔다는 표정으로 나직이 되물었다.

"왜요? 그와 사귀면 안 되나요?"

이번엔 프리돌린이 발끈하고 나섰다.

"그는 가난한 음악가야. 애초 아빠가 뭐라고 했니? 가수로 데뷔할 때까지만 이용하고 차버리라고 하지 않았어?"

"어떻게 그래요? 그는 나를 위해서 최선을 다했다구요."

"대신 우리는 숙식을 제공했어."

당당하게 주장하는 체칠리를 향해 알로이지가 기가 막힌 듯이 말했다.

"그는 대단한 음악가예요. 그의 레슨이 누추한 잠자리와 형편없는 식사 따위로 보상받을 수 있다고 생각하나요?"

"알로이지, 너 설마……?"

프리돌린과 체칠리가 동시에 눈을 치켜떴다. 부부가 의심 가득한 눈빛으로 딸에게 물었다.

"볼프강을 좋아하는 건 아니겠지?"

잠시 머뭇거리던 알로이지의 표정이 확고하게 변했다.

"그를 존경해요. 그리고 그 존경심이 사랑의 다른 표현이란 것도 깨달았고요."

쾅!

"정신 차려, 이것아!"

프리돌린이 주먹으로 탁자를 내리쳤다. 그가 딸에게 얼굴을 바싹 들이밀며 으르렁거렸다.

"제 앞가림조차 못 하는 멍청이와 사랑에 빠졌다간 너는 평생 가난한 음악가 남편의 뒷바라지나 하다가 생을 마감하게 될 거다."

"그렇지 않아요. 그는 천재 음악가고, 머지않아 세상도 그를 알아볼 거예요."

애써 항변하는 알로이지를 향해 프리돌린과 체칠리가 비웃음을 흘렸다.

"그가 하이든이나 살리에르처럼 유명한 음악가가 된다면 내 손에 장을 지지겠다."

"음악은 재능만 가지고 하는 게 아니야. 세상을 읽을 줄 아는 눈과 후원자를 구워삶을 능력도 필요하지. 그런데 볼프강이란 녀석에겐 그런 게 없어요. 잘츠부르크의 대주교 히에로니무스님의 도움을 뿌리치고 뛰쳐나온 것만 봐도 알 수 있지 않니?"

아빠와 엄마가 교대로 볼프강을 깎아내리자 알로이지도 살짝 마음이 흔들렸다. 하지만 이미 볼프강과 약속을 한 것이다. 그녀가 애써 마음을 다잡으며 말했다.

"두 분이 아무리 말려도 소용없어요. 저는 이미 볼프강과 정식으로 사귀기로 마음을 굳혔어요."

"흐음……."

알로이지와 콘스탄체

베버 부부가 설득을 멈추고 의미심장한 눈빛을 교환했다. 체칠리가 갑자기 땅이 꺼져라 한숨을 내쉬었다.

"미안하지만 그건 절대로 불가능한 일이란다, 알로이지."

"왜 불가능하다는 거죠?"

체칠리가 힐끗 돌아보자, 프리돌리가 대신 대답했다.

"너도 알다시피 지난 십 년간 아빠는 변변한 수입조차 없었다. 그런데도 너와 콘스탄체를 귀족가의 레이디 못지않게 풍족하게 키웠지."

절대로 풍족하지는 않았다고 항변하려다가 포기하고 알로이지가 다시 물었다.

"그런데요?"

"어떻게 그런 일이 가능했겠니? 결국 너희가 먹고 마시고 입고 한 것들이 모두 빚이었단다."

"돈을 빌렸다는 말인가요?"

"그래, 그렇게 쌓인 빚이 무려 이천 마르크나 된단다."

알로이지의 입이 떡 벌어졌다.

"이천 마르크면 저택 두 채를 살 수 있는 거금이잖아요? 지금 나와 볼프강의 사이를 갈라놓으려고 거짓말하는 거죠? 사람들이 대체 뭘 믿고 우리 집에 그런 거금을 빌려줬겠어요?"

"그야 물론 너를 믿고 그랬지. 우리 알로이지가 머지않아 가수로 성공하면 이천 마르크쯤은 돈도 아니라고 설득했거든."

"맙소사……!"

알로이지가 기가 막혀 신음을 흘렸다. 눈앞에 나란히 앉아 있는 아빠와 엄마가 정말 자신의 친부모가 맞는지 의심스러울 지경이었다. 숨이 턱 막히며 심장이 두근거리기 시작했다. 절망에 빠진 딸의 눈치를 살피던 체칠리가 작은 종이 한 장을 내밀었다.

"저기…… 이걸 한 번 봐주렴?"

알로이지가 의아한 얼굴로 종이를 집어 들었다.

"이 사람은 또 누구예요?"

종이에는 알로이지보다 열 살쯤은 더 많아 보이는 남자의 초상화가 그려져 있었다. 소심해 보이는 모습과 달리 금단추가 달린 외투를 걸치고 있는 것으로 보아 상당한 재력가라는 느낌을 풍기는 남자였다.

체칠리가 조심스럽게 말했다.

"베를린의 부유한 귀족 요제프 랑게란다. 실은 요제프 씨가 사업차 만하임에 들렀다가 우연히 너의 공연을 본 모양이야. 그 사람이 너한테 푹 빠져서는 평소 친분이 있는 악단장에게 소개시켜달라고 부탁했다지 뭐니?"

"그러니까 나도 모르는 사이에 이 요제프 랑게라는 사람에게 나와 사귀어도 좋다고 허락했다는 말인가요?"

황당한 표정을 짓는 알로이지를 향해 체칠리가 설득조로 말했다.

"이게 우리만 좋자고 하는 일이니? 요제프 같은 부자와 결혼해 봐. 그날부터 알로이지 네 인생은 장밋빛으로 변한다는 거 아니니?"

"내 꿈은 가수로 성공하는 거예요. 빚은 제가 목청이 터지도록 노래를 불러서라도 갚을 테니 너무 걱정 마세요."

알로이지가 박차고 일어나 방문을 열고 나가버렸다. 하지만 딸의 기세가 처음보다 많이 누그러진 것을 깨달은 베버 부부는 여유롭게 중얼거렸다.

"알로이지가 결국은 우리 말을 듣겠죠?"

"당연하지. 우리 딸이 얼마나 착한데."

그날 이후 알로이지는 볼프강을 향해 활짝 열어젖혔던 마음의 창을 반쯤 닫아걸고 그와의 만남을 의도적으로 피하며 노래에 매달렸다. 그녀가 점점 더 바빠져서 데이트조차 할 수 없게 되자 볼프강은 애간장이 탔다. 볼프강은 거의 매일 만하임 관현악단이 공연하는 극장 앞으로 달려가 알로이지를 기다렸다. 그러나 몇 시간의 기다림 끝에 마주친 알로이지는 선약이 있거나 단원들과의 회식 때문에 그와 시간을 보낼 수 없다고 변명했다. 참고 또 참던 볼프강은 어느 날 저녁, 결국 리사 앞에서 왈칵 눈물을 터뜨리고 말았다.

"흐윽, 알로이지는 이제 내가 싫어진 모양이야."

볼프강의 눈물을 본 리사는 울컥 화가 치밀었다. 성난 리사는 곧장 알로이지가 노래하는 극장으로 향했다. 하지만 알로이지는 극장에 없었다. 오늘도 단원들과 어울려 단골 레스토랑에서 회식을 한다고 했다. 극장 관리인에게 주소를 알아낸 리사는 지체 없이 레스토랑으로 발길을 돌렸다.

모차르트와 콘스탄체

레스토랑 안에서 매혹적인 노랫소리가 흘러나왔다. 리사는 노래를 부르는 주인공이 알로이지란 사실을 금방 알아차렸다. 레스토랑 문을 열고 들어가자 아니나 다를까, 안면이 있는 악단장이 연주하는 오르간 옆에 서서 알로이지가 달콤한 선율의 노래를 부르고 있었다.

알로이지도 악단장도, 테이블을 차지하고 앉아 있는 단원들도 거나하게 취한 상태였다. 한동안 미간을 찌푸린 채 알로이지의 노랫소리에 귀를 기울이고 있던 리사가 그녀의 노래가 끝나자마자 오르간을 향해 똑바로 걸어갔다. 그리고 알로이지의 손목을 낚아챘다.

"우리 나가서 얘기 좀 해."

당황한 알로이지가 주변의 눈치를 살피며 속삭였다.

"리사, 왜 이래? 동료들과 함께 있는 거 안 보여?"

"잠깐이면 된다니까."

"제발 이 손 좀 놓고 얘기해."

알로이지가 자신을 억지로 끌고 가는 리사의 손을 뿌리쳤다. 손목을 어루만지는 알로이지를 쏘아보며 리사가 화를 참는 목소리로 말했다.

"좋아, 그럼 여기서 얘기할게."

"대체 무슨 일이니?"

"볼프강과 관련된 일이야."

"!"

볼프강의 이름이 나오자 알로이지의 안색이 굳어졌다. 곤혹스런 표

정의 그녀를 향해 리사가 따지듯 말했다.

"지난번에 언니는 볼프강과 정식으로 사귀겠다고 했다며? 그런데 지금은 볼프강을 의도적으로 피하고 있잖아. 나와 볼프강은 언니가 왜 갑자기 돌변했는지 설명을 듣고 싶거든."

"으음……."

알로이지가 선뜻 대답하지 못하고 신음을 흘렸다. 레스토랑 안에 있는 모든 사람의 시선이 리사와 알로이지에게 집중되었다. 알로이지가 한참만에야 살짝 잠긴 소리로 대답했다.

"그에게 가서 전해줘. 아무래도 우리는 인연이 아닌 것 같다고."

그 말을 끝으로 알로이지가 미련 없이 돌아섰다. 다시 오르간을 향해 걸어가는 알로이지의 뒷등을 리사가 황당한 듯 쳐다보았다.

"자, 신청곡 받습니다. 어떤 노래든 신청하세요."

알로이지가 오르간 앞에 앉아 부러 큰 소리로 외쳤다. 리사가 그녀에게 씩씩대며 다가갔다.

"차라리 지금 당장 볼프강에게 가서 헤어지자고 말해!"

알로이지가 건반을 두드리며 대꾸했다.

"지금은 곤란해."

"곤란한 건 언니 사정이지. 볼프강은 지금 절망에 빠져 있어."

"나는 모르는 일이야."

참고 참았던 리사가 폭발하고 말았다.

"당장 일어나지 못해?"

리사가 알로이지를 강제로 일으키자 단원들이 소리를 질렀다.

"어이, 뭐하는 거야?"

"왜 연주를 방해하지?"

"누가 저 꼬맹이 좀 끌어내!"

순간 리사가 버럭 고함쳤다.

"모두 조용히 해요!"

"……."

리사의 서슬에 장내는 쥐 죽은 듯 고요해졌다. 리사가 알로이지를 기어이 밖으로 끌고나갔다. 거리로 나오자마자 리사가 소리를 질렀다.

"이대로 볼프강을 버린다면 당신을 절대로 용서하지 않겠어!"

리사의 얼굴을 물끄러미 바라보던 알로이지가 한숨을 내뱉었다.

"이제 보니 볼프강은 행복한 사람이었구나. 리사처럼 좋은 친구가 옆에 있어주니 말이야."

"쓸데없는 소리 말고 볼프강에게 못되게 구는 이유나 설명해 봐."

"……."

리사의 당돌한 얼굴을 기가 막힌 듯 바라보던 알로이지가 천천히 입을 열었다.

"먼저 지금부터 내가 하는 말을 볼프강에겐 비밀로 하겠다고 약속해줘."

"좋아, 약속할게."

"실은…… 우리 집에 나도 모르는 엄청난 빚이 있었어."

모차르트와 콘스탄체

"빚이라고……?"

"아빠는 십 년 전부터 수입이 거의 없었거든. 생활비를 위해 돈을 빌리셨대. 그래서 나는 내 힘으로 빚을 갚아보려고……."

"흐음, 그래서 요즘 정신없이 바빴던 거군?"

침울한 얼굴로 고개를 끄덕이는 알로이지를 향해 리사가 이해할 수 없다는 표정을 지었다.

"왜 볼프강과 상의하지 않았어?"

"볼프강에게 말한다고 해서 뾰족한 수가 생겼을까?"

"그건……."

리사는 그만 말문이 막혀버렸다. 볼프강은 그동안 알로이지의 레슨에만 전념했을 뿐, 돈벌이를 전혀 하지 않았다. 그는 훌륭한 음악가임에는 분명했지만 현실적인 능력은 영 시원치가 않았던 것이다.

턱을 매만지며 골똘히 생각하던 리사가 고개를 번쩍 쳐들었다.

"그래도 볼프강에게 얘기해."

"아무런 방법도 없을 텐데, 왜 얘기하라는 거지?"

"진짜 사랑한다면 기쁨은 물론 고민도 함께 나눠야 하니까."

"!"

"적어도 돈 때문에 고민하는 게 당신이 떠날까 봐 두려워하는 것보다는 낫지 않겠어?"

복잡한 시선으로 리사의 얼굴을 바라보던 알로이지가 마지못해 고개를 끄덕였다.

"알았어. 정 그렇다면 네 말대로 할게."

"그런 고민이 있으면서 왜 진작 얘기하지 않았어요?"
알로이지의 말을 들은 볼프강이 흥분하여 소리쳤다. 알로이지, 리사와 마주앉은 탁자에서 박차고 일어서며 그가 자신만만하게 외쳤다.
"돈 문제는 더 이상 걱정하지 말아요. 조만간 내가 깨끗이 해결할 테니까요."
"저는 이미 당신에게 많은 신세를 졌어요. 돈 문제까지 떠맡긴다는 건 너무 염치없는 짓이에요."
"우리는 사랑하는 사이예요. 당신의 고민이 곧 나의 고민이란 뜻입니다."
"볼프강……."
알로이지가 감동받은 얼굴로 눈물을 글썽였다. 하지만 리사는 가슴을 쭉 펴고 서서 콧김을 핑핑 내뿜고 있는 볼프강의 모습이 영 불안하기만 했다. 그동안 경험한 바에 의하면 볼프강은 뒷일은 생각하지 않고 큰소리부터 치고 보는 나쁜 습관이 있었다. 이번 일만은 절대로 실수를 저질러서는 안 되기에 리사는 볼프강에게 진짜 대책이 있는지 궁금했다.
알로이지가 안심한 얼굴로 돌아간 후에 리사가 물었다.
"볼프강, 정말 이천 마르크라는 거금을 구할 수 있어?"
"내가 그렇게 큰돈을 어떻게 구하겠어?"

모차르트와 콘스탄체

머리를 긁적이는 볼프강을 향해 리사가 황당한 표정을 지었다.

"그럼 알로이지 앞에서 왜 큰소리를 쳤는데?"

"그야 그녀를 안심시키려고 그랬지."

"이게 안심만 시킨다고 될 일이야? 알로이지는 당신을 철석같이 믿고 있다구."

"걱정하지 마. 이제부터 본격적으로 일자리를 구하면 그 정도 돈은 구할 수 있을 거야."

"하아……."

너무도 안일하게 말하는 볼프강을 보며 리사는 말문이 막혔다. 볼프강은 가끔씩 이렇게 어린아이처럼 굴어서 사람을 당황시키곤 하는 것이다.

다음 날부터 리사의 걱정은 현실로 나타났다. 볼프강은 만하임 관현악단을 비롯해 크고 작은 극장과 악단을 찾아다녔지만 어디서도 그를 고용하겠다고 나서지 않았다. 잘츠부르크 대성당을 박차고 나온 이후, 너무 오랫동안 음악계를 떠나 있었던 그를 기억해주는 사람은 많지 않았다. 또한 그와 갈등을 빚었던 히에로니무스 대주교 등이 "모차르트는 실력도 없으면서 고집만 센 엉터리 음악가다!"라는 소문을 퍼뜨려서 가뜩이나 위태로운 명성을 더욱 떨어뜨린 상태였다. 결국 사흘 동안이나 발이 부르트도록 돌아다녔지만 작은 극장의 지휘자 자리조차 차지할 수 없었다.

한여름 햇빛이 작렬하는 거리 한복판에 땀범벅의 얼굴로 서서 리사와 볼프강은 멍하니 서로의 얼굴을 마주보았다. 방금 다 쓰러져가는 삼류 극장에서 퇴짜를 맞고 나오는 길이었다.

리사가 간신히 짜증을 억누르며 볼프강에게 물었다.

"이제 어디로 가볼 생각인데?"

볼프강이 힘없이 대답했다.

"나도 모르겠어. 이제는 더 이상 갈 곳조차 생각나지 않아."

리사가 참지 못하고 버럭 소리를 질렀다.

"그게 말이 된다고 생각해? 알로이지는 볼프강만 믿고 있는데 이젠 대체 어쩔 거야?"

"그러게나 말이야."

마치 남의 일인 것처럼 고개를 설레설레 가로젓는 볼프강을 보며 리사는 절로 기운이 빠졌다. 이런 식으로 알로이지를 실망시킨다면 사랑을 지키지 못하게 될지도 모르는 것이다. 리사가 씩씩대며 걸음을 옮겼다.

"일단 집으로 가자. 볼프강만 믿고 있는 알로이지에게 돈을 구하지 못했다고 솔직하게 고백해야지."

"후아아……."

볼프강이 땅이 꺼져라 한숨을 내쉬며 따라갔다.

5
눈물의 교향곡

리사의 걱정대로 돈을 구하지 못했다는 말을 들은 알로이지는 실망하는 표정이 역력했다. 그녀는 아무 말도 없이 볼프강의 얼굴을 가만히 바라보다가 찬바람을 일으키며 자신의 방으로 들어가버렸다. 거실에 우두커니 선 볼프강을 향해 베버 부부가 야비하게 웃으며 말했다.
"볼프강, 내일 당장 방을 빼줘야겠네."
"예에?"
놀라 눈을 동그랗게 뜨는 볼프강을 향해 프리돌린과 체칠리 부부가 차례로 쏘아붙였다.
"우리 딸아이들의 레슨도 끝나지 않았나."
"그런데 언제까지 뻔뻔스럽게 들러붙어 있을 생각이지?"
발끈한 리사가 부부에게 항의하려고 했다. 그런데 거실 구석에 서 있던 콘스탄체가 조금 더 빨랐다.

"두 분, 정말 너무하시는 거 아니에요?"

"우리가 뭘 어쨌다고?"

"볼프강은 언니에게 은인 같은 사람이에요. 그런데 어떻게 이런 식으로 쫓아낼 수가 있어요?"

"너는 대체 누구 편이야? 너는 언니가 저 가난뱅이 음악가와 결혼해도 상관없단 말이니?"

"네, 저는 볼프강 정도면 좋은 남편감이라고 생각해요."

"뭐가 어쩌고 어째……?"

화를 참지 못하고 부들부들 떨던 체칠리가 딸을 향해 빽 소리쳤다.

"그렇게 좋으면 네가 볼프강과 결혼을 하든지!"

"물론 저도 볼프강만 좋다면 그러고 싶어요!"

"……!"

베버 부부는 물론 볼프강과 리사도 눈을 동그랗게 뜨고 씩씩대는 콘스탄체를 쳐다보았다.

"아, 정말 짜증나서 참을 수가 없어!"

머리카락을 신경질적으로 헝클어뜨리며 콘스탄체가 방문을 열어젖히고 들어갔다.

쾅!

거칠게 닫히는 방문을 보며 리사는 콘스탄체의 마음을 알 것 같았다. 그동안 알로이지가 이기적으로 행동하고 베버 부부가 볼프강을 무시할 때도 콘스탄체만은 늘 그의 편이 되어 주었다. 알로이지에게 볼프강에 대해 늘 좋게 말해주고, 베버 부부가 숨겨둔 맛있는 요리를 볼프강에게 몰래 가져다주곤 하던 콘스탄체는 볼프강을 짝사랑했지만 사랑하는 사람의 행복을 위해서 언니와의 행복을 빌어주고 있었던 것이다.

'차라리 알로이지가 아니라 콘스탄체였다면…….'
리사가 마음속으로 중얼거렸다.

그녀가 생각하기에 알로이지는 스스로 빛을 발해야 직성이 풀리는 아가씨였다. 하지만 콘스탄체는 상대방이 빛을 발할 수 있도록 도와주는 타입이다. 엄청난 잠재력을 숨기고 있지만 아직 천재성을 발휘하지 못하고 있는 볼프강에게는 어쩌면 알로이지보다 콘스탄체 같은 배우자가 나을지도 모른다고 리사는 생각했다.

한편, 방안에서는 알로이지와 콘스탄체 간에 말다툼이 벌어지고 있었다. 콘스탄체가 알로이지를 향해 성난 얼굴로 소리를 질렀다.

"돈 때문에 사랑을 포기한다는 게 말이 된다고 생각해?"
"하지만 볼프강이 무능한 건 사실이잖니?"
"볼프강은 이미 언니에게 너무 많은 것을 베풀어주었어! 언니가 누구 덕분에 꿈을 이루었는지 벌써 잊어버린 건 아니겠지?"
"하지만 아빠와 엄마의 말에도 일리는 있어. 내가 귀족과 결혼하지 않으면 우리 집은 그 많은 돈을 갚을 방법이 없다고."

"흥, 좀 더 솔직해지는 게 어때?"

"무슨 뜻이야?"

"집안을 걱정하는 척하지만 언니가 부자가 되고 싶은 거잖아!"

"……!"

저를 향해 쏘아붙이는 동생의 얼굴을 알로이지가 충격 어린 눈으로 바라보았다. 그녀가 곧 입술을 질끈 깨물며 항변했다.

"아니, 그건 억지야."

"이게 정말로 내 억지야? 언니 스스로에게 물어보시지?"

"으음……."

억울한 듯 콘스탄체를 째려보던 알로이지가 단호한 표정으로 말했다.

"좋아, 네가 집안 걱정 따윈 하지 않겠다면 나도 더 이상 고민하지 않겠어. 내일 당장 결혼을 반대하는 부모님을 피해 볼프강과 도망칠 거야."

"그게 정말이야?"

"정말이지 않고."

"잘 생각했어, 언니."

자신의 손을 와락 움켜잡는 콘스탄체의 눈을 들여다보며 알로이지가 피식 웃었다.

"네가 나보다 볼프강을 더 좋아하는 것 같구나?"

"볼프강은 순수한 남자야. 나는 그 사람의 그런 순수한 면이 좋을 뿐이야."

알로이지가 정색하며 말했다.

"그럼 네가 직접 가서 볼프강에게 전해줘. 내일 마지막 공연이 끝나자마자 떠날 테니까 늦지 않게 극장으로 와달라고 말이야."

"알았어, 언니."

늦은 밤, 리사와 볼프강은 시무룩한 얼굴로 골방의 탁자에 마주앉았다. 볼프강이 반쯤 넋이 나간 사람처럼 중얼거렸다.

"어떻게든 돈을 구해야 하는데…… 그러지 않으면 알로이지를 잃게 될지도 모르는데……."

리사는 진심으로 볼프강을 도와주고 싶었다. 하지만 머나먼 미래에서 뚝 떨어진 그녀에게 뾰족한 수가 있을 리 없었다.

"아, 나는 왜 이렇게 무능한 걸까?"

탁자에 이마를 찧으며 자학하는 볼프강을 보며 리사는 실연이 그의 음악적 재능마저 망가뜨릴까 봐 두려웠다.

똑똑!

노크 소리가 들려온 것은 그때였다.

"이 시간에 누구지?"

리사가 고개를 갸웃하며 방문을 열었다. 순간 콘스탄체가 쏜살같이 안으로 들어왔다.

"콘스탄체!"

"쉿!"

놀라 소리치는 리사를 보며 콘스탄체가 손가락을 입술에 갖다 댔다. 콘스탄체와 함께 탁자에 앉으며 리사가 목소리를 낮췄다.

"대체 무슨 일이야?"

"알로이지 언니의 말을 전하러 왔어."

"알로이지가?"

번쩍 고개를 쳐드는 볼프강의 얼굴을 똑바로 보며 콘스탄체가 힘주어 말했다.

"언니는 부모님의 반대를 뿌리치고 내일 당신과 오스트리아로 떠나기로 결심했어요. 그러니까 마지막 공연이 끝나는 시간에 맞춰 극장으로 언니를 데리러 가주세요."

"그, 그게 정말이야?"

"예."

감격스런 눈으로 콘스탄체를 보던 볼프강이 그녀의 손을 와락 잡았다.

"고마워! 정말 고마워, 콘스탄체!"

"볼프강, 축하해요."

억지로 미소 짓는 콘스탄체의 눈가에 물기가 비치는 것을 리사는 놓치지 않았다. 사랑하는 사람의 행복을 위해 자신을 희생하는 콘스탄체를 보며 리사도 마음이 아팠다.

다음 날 오후, 마지막 공연을 끝낸 알로이지가 악단장의 방으로 찾아갔다. 책상에 앉아 서류를 정리하고 있던 악단장이 반갑게 맞아주

었다.

"오, 어서 와요 알로이지. 이쪽으로 앉아요."

"아뇨. 시간이 없어서 서서 말씀드리겠습니다."

알로이지가 착 가라앉은 소리로 말하자 자리에서 일어서려던 악당장이 멈칫했다.

"대체 무슨 일이오, 알로이지?"

"실은 사정이 있어서 악단을 그만두게 되었어요."

"그게 무슨 소리요? 당신은 이제 막 인기를 얻기 시작했는데, 너무 아깝지 않소? 혹시 급료가 부족하다면 올려줄 수도 있소만."

"저도 아쉬워요, 악단장님. 하지만 도저히 어쩔 수 없어서 떠나는 거예요."

알로이지의 절박한 얼굴을 물끄러미 바라보던 악단장이 결국 고개를 끄덕였다.

"무슨 말 못 할 사정이 있는 모양이군. 어디로 가든 부디 행복하시오, 알로이지."

"감사해요, 악단장님."

잠시 후 알로이지는 큼직한 가방을 들고 극장을 나섰다. 노을이 낮게 깔린 하늘을 올려다보던 그녀가 문득 고개를 돌려 바로크 양식으로 지어진 극장 건물을 돌아보았다. 자신을 가수로 데뷔시켜주고 사람들에게 이름을 알릴 수 있도록 해준 극장이었다. 저 극장 안에서 마음껏 노래를 불렀던 지난 몇 달은 알로이지 인생에서 가장 행복한 순간이었다.

"안녕, 나의 꿈이여…… 나는 이제 사랑을 찾아 떠난다…….."

알로이지가 미련을 떨치듯 힘차게 걸음을 내딛었다. 그녀의 이름을 부르는 목소리가 들려온 것은 그때였다.

"알로이지 양?"

"누구시죠……?"

자신 앞에 선, 부유한 차림의 남자를 보며 알로이지가 고개를 갸웃했다.

"알로이지 양 모친의 말씀을 듣고 만나러 왔습니다만."

"아……!"

그제야 남자의 얼굴을 기억해낸 알로이지의 입에서 낮은 신음이 새어나왔다. 남자는 얼마 전 엄마가 초상화를 보여준 베를린의 귀족 요제프 랑게였던 것이다. 요제프의 정체를 알아차린 알로이지가 미간을 찌푸렸다.

"왜 날 찾아온 거죠? 당신에겐 관심이 없다고 이미 말했을 텐데요."

"물론 그 말은 들었습니다. 하지만 이대로 포기하기엔 너무 아쉬워서 잠시 대화라도 나누려고 찾아왔습니다. 더구나 오늘 저녁 알로이지 양이 집을 나가 도망치기로 했다고 어머니께서 귀띔해주시더군요."

"엄마가 그걸 어떻게……?"

알로이지가 놀라서 눈을 부릅떴다. 하지만 곧 엄마가 자신들의 말을 엿듣곤 했다는 기억을 떠올리곤 고개를 끄덕였다. 알로이지가 요

제프를 향해 단호한 목소리로 말했다.

"엄마가 뭐라고 했든 저는 관심 없어요. 그러니 이만 가주세요."

요제프가 검지를 세우며 씨익 웃었다.

"딱 한 시간이면 됩니다. 그 후에도 저에게 관심이 없다면 깨끗이 포기하겠습니다."

"싫다는데 왜 자꾸······."

투두두두두!

알로이지가 단칼에 거절하려는데, 요제프의 등 뒤로 네 필의 백마가 끄는 화려한 마차가 와 섰다. 열 사람은 충분히 탈 수 있을 정도로 크고 번쩍번쩍 빛이 나는 마차는 어느 궁전에서 열리는 무도회에 공주님을 태우러 가는 것처럼 보였다. 행인들이 부러운 눈빛으로 마차와 알로이지를 힐끔거리며 지나갔다. 막 동화 속에서 튀어나온 듯한 마차를 뚫어져라 쳐다보던 알로이지가 요제프를 향해 살짝 잠긴 소리로 말했다.

"딱 한 시간만이에요."

"타시지요, 알로이지 양."

요제프가 손수 열어준 마차 안으로 알로이지가 사뿐히 올라섰다.

뽀얀 흙먼지를 일으키며 마차가 사라지자마자 볼프강이 양손에 커다란 가방을 들고 헐레벌떡 달려왔다. 엄청난 양의 악보를 챙기느라 조금 늦었기 때문에 그는 알로이지가 기다리고 있을 것이라고 생각했다. 그러나 극장 앞은 텅 비어 있었다. 볼프강은 곧 극장 안으로 들

어가 알로이지를 찾아봤지만 그녀가 이미 떠났다는 소리만 들었다.

"이상하다. 대체 어디로 가버린 거지?"

극장 앞에서 초조하게 서성이던 그는 곧 알로이지와 함께 배를 타기로 한 만하임 항구로 뛰어갔다. 하지만 그곳에서도 알로이지의 모습은 보이지 않았다.

"알로이지, 어디에 있는 거요?"

볼프강의 얼굴에 불안의 그림자가 짙게 드리우기 시작했다.

그 시각, 알로이지는 만하임에서 가장 유명한 레스토랑에 와 있었다. 샹들리에가 대낮처럼 밝혀진 레스토랑 창가 쪽 자리에선 막 어둠이 내려앉기 시작한 라인강이 한눈에 내려다보였다. 테이블 위에는 송아지 고기와 싱싱한 연어로 요리된 양식 성찬이 차려져 있었다. 널찍한 레스토랑 한복판에서 기분 좋은 음악을 연주하는 실내악단을 바라보던 알로이지가 문득 고개를 갸웃했다.

"그런데 이 넓은 레스토랑에 손님이라곤 왜 우리 두 사람뿐이죠?"

맞은편에 앉아 스테이크를 썰던 요제프가 냅킨으로 입가를 훔치며 싱긋 미소 지었다.

"그야 내가 이 레스토랑을 통째로 빌렸기 때문이지요."

"뭐라고요……?"

알로이지가 황당한 표정을 지었다. 백 개도 넘는 좌석을 갖춘 이 레스토랑을 통째로 빌리려면 대체 얼마나 필요할지 그녀로선 상상조차

눈물의 교향곡

되지 않았다. 알로이지가 충격이 가시지 않은 눈으로 요제프를 바라보고 있을 때, 턱시도 차림의 지배인이 다가와 최고급 와인을 내밀었다.

"와인을 준비해왔습니다. 시음하시겠습니까?"

"그럽시다."

요제프가 내민 잔에 지배인이 조심스럽게 붉은 와인을 따랐다. 잔을 빙글빙글 돌리던 요제프가 먼저 향을 맡은 후 와인을 단숨에 털어 넣었다. 맛을 음미한 그가 흡족한 표정으로 고개를 끄덕였다.

"괜찮군. 레이디에게도 따라드리도록."

"알겠습니다."

그의 모든 행동이 너무 매끄럽고 품위가 넘쳐서 알로이지는 잠시 넋을 잃고 말았다. 갑자기 눈앞에 있는 남자가 너무도 근사해 보이며 상대적으로 볼프강이 초라하게 느껴졌다. 피보다 붉은 와인을 천천히 기울이며 알로이지는 자신이 눈앞으로 다가온 행운을 포기할 정도로 볼프강을 사랑하고 있는지 진지하게 고민해보기 시작했다.

자정이 다 되도록 볼프강은 텅 빈 항구에 고집스럽게 서 있었다. 이미 오스트리아로 향하는 마지막 배가 떠난 지 오래되었다. 알로이지는 끝내 모습을 드러내지 않았다. 볼프강의 앞에는 악보와 옷가지가 담긴 가방 두 개만 덩그러니 놓여 있을 뿐이었다. 그는 저 낡은 가방들과 자신의 처지가 비슷하다고 생각했다. 자신도 저 누추한 가방들처럼 버려진 것이다.

모차르트와 콘스탄체

이때 리사가 콘스탄체와 함께 헐레벌떡 달려왔다. 볼프강 옆에 멈춰 서서 숨을 헐떡이던 두 사람이 하루살이들이 하얗게 날아다니는 강가를 뚫어져라 응시하고 있는 볼프강의 얼굴을 측은하게 쳐다보았다.

리사가 조심스럽게 입을 열었다.

"볼프강, 이제 그만 집으로 가자."

볼프강이 단호하게 대답했다.

"알로이지를 만나지 못했어."

"볼프강······."

"나는 아무렇지 않으니까 그런 눈으로 쳐다보지 마. 왜냐하면 알로이지는 반드시 나타날 테니까."

리사도 그의 믿음을 꺾고 싶지 않았다. 그건 너무 잔인한 짓이고, 그런 잔인한 짓을 다른 사람도 아닌 볼프강에게 하고 싶지 않았다. 하지만 현실은 현실인 것이다. 리사가 도움을 청하듯 콘스탄체를 스윽 돌아보았다. 고통스런 표정을 짓고 있던 콘스탄체가 낮게 깔리는 소리로 말했다.

"언니는 이미 집으로 돌아와 있어요."

"뭐라고?"

볼프강이 콘스탄체를 휙 돌아보았다.

"언니가 말하길, 당신과 헤어지고 베를린의 귀족 요제프 랑게와 결혼하겠대요."

"거짓말! 그럴 리가 없잖아?"

볼프강이 콘스탄체의 어깨를 움켜잡고 거칠게 흔들었다.

"볼프강, 그만둬!"

"나는 괜찮아, 리사."

볼프강을 제지하려는 리사를 콘스탄체가 말렸다. 그리고 눈물을 글썽이며 말했다.

"하고 싶은 대로 해요, 볼프강. 언니를 대신해서 당신께 사죄할 수만 있다면 나는 무슨 짓이든 할 거예요."

"으아아!"

"꺄악!"

볼프강이 거칠게 밀치자 콘스탄체가 힘없이 쓰러졌다. 숨을 헐떡이며 쓰러진 콘스탄체를 노려보던 볼프강이 허물어지듯 무릎을 꿇었다.

"그럴 리가 없어…… 그럴 리가 없다구…….''

상처 입은 어린아이처럼 고개를 가로젓는 볼프강의 눈에서 눈물이 뚝뚝 흘렀다. 콘스탄체가 볼프강을 향해 다가갔다. 그녀가 그를 살며시 안아주며 울먹였다.

"미안해요, 볼프강. 진심으로 미안해요."

콘스탄체의 사과는 진심이었다. 그녀는 볼프강을 동정하면서 그의 이별을 진심으로 슬퍼해줄 수 없는 자신을 발견했다. 아니, 그녀는 어쩌면 볼프강과 언니의 이별을 신이 자신에게 내려주신 축복이라고 생각하고 있는지도 몰랐다. 그녀는 세상을 잃은 듯 슬퍼하는 볼프강을 안은 채 상반되는 두 가지의 감정 속에서 혼란스러웠다.

'볼프강, 당신의 아픔에 진심으로 슬퍼할 수 없는 나를 용서해요. 만약 내게도 당신의 여자가 될 수 있는 기회가 찾아온다면 나의 모든 것을 걸고 당신만을 위해 희생하며 살겠어요.'

다음 날 아침 볼프강과 리사는 베버가를 떠났다. 알로이지는 끝내 얼굴을 내밀지 않았다.

"여자란 정말 무서운 동물이구나."

쓴웃음을 짓는 볼프강을 위로하며 리사는 시내로 향했다. 지긋지긋한 베버가를 떠난 것은 좋았지만 빈털터리인 두 사람은 당장 머물 곳이 없었다. 아침은 물론 점심까지 쫄쫄 굶으며 시내의 벤치에 멍하니 앉아 있을 때 누군가 부르는 소리가 들렸다.

"볼프강! 리사!"

"콘스탄체……?"

반색하며 돌아보는 리사의 눈에 팔을 흔들며 달려오는 콘스탄체가 보였다. 콘스탄체가 볼프강 앞에 서서 한동안 거친 숨을 몰아쉬었다. 볼프강이 가까스로 허리를 세우는 콘스탄체를 향해 무뚝뚝하게 물었다.

"여긴 어쩐 일이오?"

"그야 당신과 리사를 만나러 왔죠."

콘스탄체가 밝게 웃으며 대답했지만 볼프강은 여전히 퉁명스러웠다.

"우리를 만나서 어쩌려고?"

"자, 이걸 받아요."

콘스탄체가 볼프강의 눈앞으로 돈을 불쑥 내밀었다. 언뜻 봐도 상당한 금액이었다.

"이게 웬 돈이오?"

"지난 몇 년간 제가 조금씩 모아온 거예요. 이 돈으로 우선 방부터 얻도록 해요."

"싫소. 내가 왜 당신의 돈을 받는단 말이오?"

완강히 고개를 가로젓는 볼프강을 보며 리사는 허세 부리지 말고 당장 받으라고 소리치고 싶은 걸 간신히 참았다. 리사를 대신해서 콘스탄체가 설득조로 말했다.

"그동안 당신은 내게 공짜로 레슨을 해주었어요. 이 돈은 그 사례라고 생각하면 되잖아요."

"으음……."

"볼프강, 제발! 일단 잠잘 곳은 있어야 할 것 아니에요?"

"그럼 나중에 꼭 갚겠소."

볼프강이 콘스탄체의 손에서 돈을 빼앗듯 낚아챘다. 화를 낼 만도 하건만 콘스탄체는 리사를 향해 빙그레 웃었다. 리사도 그녀와 눈을 마주치며 억지로 미소를 떠올렸다.

변두리에 작은 방을 구한 후 볼프강과 리사는 짐을 풀었다. 방 정리가 대충 끝나자마자 볼프강은 크게 앓았다. 실연의 아픔을 견디지 못하고 쓰러진 그의 몸은 펄펄 끓어올랐다. 한밤중에는 열이 너무 올라

위험한 고비를 맞기도 했다.

"으으…… 가지 마. 나를 버리고 가지 마, 알로이지……!"

얼굴이 벌겋게 달아오른 채 팔을 휘저으며 헛소리를 하는 볼프강을 콘스탄체가 정성을 다해 간호했다. 그녀는 한시도 곁을 떠나지 않고 그의 손을 잡아주고, 물수건으로 얼굴과 온몸을 닦아 열기를 식혀주었으며, 정성을 다해 약을 달여 먹였다. 마치 성녀처럼 볼프강을 돌보는 콘스탄체의 모습에 리사는 진심으로 감동을 받았다. 그리고 어렴풋하게나마 이런 게 진짜 사랑이 아닐까 생각하기도 했다.

병석에서 일어선 볼프강은 더 신경질적으로 변했다. 툭하면 짜증을 부렸고 콘스탄체에게 폭언을 일삼았다.

"으…… 이건 정말 맛이 없군. 개도 이런 건 안 먹겠다."

그날도 콘스탄체는 아침 일찍 찾아와 아침을 준비했다. 그런데 볼프강은 콘스탄체가 만들어준 음식을 한 입 먹자마자 오만상을 찌푸리며 트집을 잡았다. 리사가 스파게티를 맛있게 먹으며 볼프강을 흘겨보았다.

"맛만 좋은데, 대체 왜 그래?"

"내가 생트집을 잡고 있다는 거야?"

와장창!

볼프강이 팔을 휘둘러 탁자 위의 접시를 깨뜨려버렸다. 바닥에 흩어진 음식을 멍하니 내려다보던 리사도 더 이상 참지 못했다.

"볼프강, 대체 왜 이래?"

눈물의 교향곡

"내가 뭘 어쨌다고?"

"콘스탄체는 우리에게 방을 얻을 돈을 주었고, 당신이 아플 때 간호해준 것도 모자라 매일 찾아와서 음식까지 만들어주고 있어! 그런데 왜 사사건건 못 잡아먹어 안달이냔 말이야!"

"그렇다고 맛없는 음식을 맛있다고 할 수는 없잖아!"

"이 스파게티는 맛있어!"

"내 입에는 맞지 않아!"

"당신 정말 이럴 거야?"

화를 참지 못하고 빽 소리치는 리사의 팔을 콘스탄체가 잡아당겼다.

"제발 그만해, 리사. 모든 게 내 잘못이야."

"콘스탄체가 잘못한 게 뭐가 있다고 그래? 너무 오냐오냐하니까 볼프강이 점점 더 심술궂게 변하는 거잖아."

콘스탄체가 두 손을 모아 쥐고 사정조로 말했다.

"나를 봐서라도 제발 그만해, 리사."

"후아아……."

리사가 땅이 꺼져라 한숨을 내쉬며 고개를 흔들었다. 간신히 리사를 달랜 콘스탄체가 이번엔 팔짱을 낀 채 고개를 돌리고 있는 볼프강을 향해 부드럽게 말했다.

"점심은 제대로 만들어줄게요. 혹시 먹고 싶은 거라도 있어요?"

토라진 아이처럼 고개를 돌린 채 볼프강이 중얼거렸다.

"푸아그라와 최고급 와인을 먹고 싶어."

"제정신으로 하는 소리야? 콘스탄체에게 그럴 만한 돈이 있을 리 없잖아!"

씩씩대는 리사를 콘스탄체가 억지로 끌고 나갔다.

"알았어요. 점심은 그렇게 준비할게요."

"진짜 짜증나! 볼프강은 갑자기 어린애가 되어버린 것 같아!"

거리로 나온 리사는 분통을 터뜨렸다. 콘스탄체가 그런 리사를 달랬다.

"우리가 볼프강을 이해해줘야 해."

"뭘 더 어떻게 이해하라는 거야?"

"볼프강은 우리에게 호소하고 있는 거야. 자신의 아픔을 봐달라고, 자신의 고통을 이해해달라고."

콘스탄체의 진지한 눈빛을 마주보며 리사가 신음을 흘렸다.

"으음......"

"그는 순진한 사람이라 실연의 아픔에서 아직 한 걸음도 벗어나지 못했어. 어쩌면 아주 오랫동안 고통 속에서 살아가게 될지도 모르지. 그러니까 언젠가 그가 오랜 방황을 끝내고 새로운 사랑을 찾을 때까지 우리는 묵묵히 도와줘야 하는 거야."

촉촉이 물기가 비치는 콘스탄체의 눈을 들여다보던 리사가 불쑥 물었다.

"그러다 영영 옛 사랑에 대한 기억에서 벗어나지 못하면? 그러면

콘스탄체는 어떻게 할 거야?"

"……."

입술을 꼭 다물고 있던 콘스탄체가 결연히 내뱉었다.

"그래도 난 그의 곁에서 언제까지나 기다릴 거야."

"하아…… 콘스탄체는 정말 대단하구나."

리사가 다시 한숨을 푹 쉬었다.

콘스탄체가 리사와 팔짱을 끼며 걸음을 옮겼다.

"자, 이제 음식 거리를 사러 가자."

"그나저나 푸아그라와 와인은 어떻게 구할 건데?"

"이걸 팔아치울 생각이야."

콘스탄체가 오른손에 끼고 있는 반지를 들어 보이며 싱긋 웃었다.

"제정신이야? 그건 할머니가 물려주신 유품이라고 했잖아?"

"내가 이걸 뜻 깊게 사용하면 할머니도 틀림없이 기뻐하실 거야."

"볼프강이 이런 콘스탄체의 마음을 반의 반이라도 알아주면 좋을 텐데."

그해 여름이 끝나갈 무렵, 알로이지는 요제프 랑게와 결혼했다. 가을 바람에 실려온 풍문에 의하면 그는 결혼을 조건으로 베버 부부의 빚을 전액 갚아주었을 뿐 아니라 아주 특별한 계약서까지 작성했다고 했다. 프리돌린과 체칠리 부부가 직접 작성하고 사인을 요구했다는 계약서에 의하면 랑게는 죽는 날까지 부부에게 매월 일정 금액의 생활비를 지급해야 했다.

"아예 돈을 받고 딸을 팔아넘겼군. 만하임은 이제 지긋지긋하다. 그만 오스트리아로 돌아가자."

여름내 술독에 빠져 있던 볼프강이 까칠한 얼굴로 말했다. 리사도 기꺼이 동의했다. 감당하기 힘든 상처를 입었을 때는 그 장소로부터 최대한 멀리 떨어지는 게 상책이라고 생각했기 때문이다. 그런데 걸리는 게 한 가지 있었다.

"콘스탄체는 어떻게 하지?"

"콘스탄체가 왜?"

"그녀는 우리를 위해서 최선을 다했어. 그냥 모른 척할 셈이야?"

"그래, 떠나기 전에 콘스탄체에게 고맙다는 인사는 꼭 해야겠지."

"그 정도로 해결될 문제가 아니야."

"무슨 뜻이지."

"무슨 뜻인지 정말 몰라?"

어깨를 으쓱하는 볼프강을 향해 리사가 답답한 듯이 말했다.

"콘스탄체는 볼프강을 좋아하고 있단 말이야."

"뭐어……?"

볼프강이 황당한 표정을 지었다. 하지만 리사는 볼프강의 반응이 오히려 황당했다.

"콘스탄체가 그렇게 좋아하는 티를 냈는데 어떻게 모를 수가 있지? 우리가 떠난다고 하면 콘스탄체도 분명 따라오려고 할 거야."

"그건 안 될 말이야!"

"!"

볼프강이 흠칫 놀라는 리사의 눈을 들여다보며 쐐기를 박았다.

"나는 콘스탄체를 좋아하지 않아. 더구나 그녀는 한때 내가 좋아했던 여자의 동생이야. 우리가 어떻게 특별한 관계가 될 수 있겠어."

"후우……."

리사가 어깨를 축 늘어뜨렸다. 실망하는 콘스탄체의 얼굴이 떠올라 견딜 수가 없었던 것이다. 잠시 고민하던 리사가 볼프강을 향해 이렇게 말했다.

"좋아. 그럼 사귀라고 하지 않을 테니 콘스탄체와 함께 떠나자. 볼프강도 알다시피 그녀도 오래전부터 만하임을 떠나고 싶어했잖아."

턱을 매만지며 고민하던 볼프강이 고개를 끄덕였다.

"그거야 상관없겠지."

이렇게 해서 그해 여름 볼프강과 리사, 콘스탄체는 함께 오스트리아로 향하게 되었다.

6
세상에서 가장 슬픈 사랑

하늘이 더욱 높아지고 바람이 선선하게 느껴질 즈음에 볼프강과 리사, 콘스탄체는 오스트리아의 수도 빈에 도착했다.

"죽어도 잘츠부르크로 돌아가고 싶지는 않아. 차라리 대도시인 빈에서 새롭게 음악 인생을 시작할 테야."

볼프강의 말대로 빈은 크고 복잡한 도시였다. 또한 고풍스러움과 세련됨이 적절히 뒤섞인 예술의 중심지였다. 유럽의 수많은 화가들과 음악가들이 빈에 모여 자신의 작품세계를 한 단계 끌어올리기 위해 노력 중이었다.

볼프강도 사람들과 마차로 북적이는 빈의 거리를 헤매며 일자리를 구하려고 노력했다. 하지만 수많은 성당과 극장과 악단 중 어디서도 모차르트를 고용하지 않았다. 여섯 살 때 이미 바흐의 불후의 종교

음악 '요한 수난곡'을 완벽하게 연주했던 신동을 기억해주는 사람은 없었다. 오히려 그는 후원자의 호의를 배반한 잘츠부르크의 악동으로 유명했다. 질서를 무시하고 제멋대로 행동하는 젊은 음악가를 환영해줄 곳은 어디에도 없었다.

"후아아~ 다리 아파서 더 이상 못 걷겠어."

"다리도 다리지만 배가 너무 고파."

하루 종일 거리를 헤매던 세 사람은 오스트리아의 황제 요제프 2세의 호프부르크 왕궁 근처 벤치에 차례로 주저앉았다. 숙박비는 물론이고 식비까지 바닥난 세 사람은 지치고 굶주린 상태였다. 꼬르륵 소리가 들려오는 아랫배를 문지르던 리사가 걱정스런 눈으로 볼프강을 보았다.

"이제 곧 겨울인데 어쩌면 좋지?"

"그러게나 말이야."

"이러다 거리에서 동사하는 게 아닐까?"

콘스탄체가 리사의 어깨를 툭 치며 빙긋 웃었다.

"산 입에 거미줄 치는 법은 없어. 곧 무슨 수가 생길 테니 너무 절망하지 말라고."

언제나 낙천적인 성격으로 힘을 주는 콘스탄체의 얼굴을 바라보며 리사가 억지로 미소를 지었다.

"후우~ 왜 작은 일자리조차 구할 수 없는 걸까?"

볼프강이 땅이 꺼져라 한숨을 내쉴 때 굵직한 음성이 들려왔다.

"내 충고를 무시하고 떠나더니 꼴좋구나?"

세 사람이 동시에 소리 나는 쪽을 돌아보았다. 고급스런 코트를 입고 서 있는 완고한 인상의 중년 남자를 발견한 콘스탄체가 고개를 갸웃했다.

"아저씨는 누구세요?"

순간 리사 옆에 앉아 있던 볼프강이 엉거주춤 일어섰다.

"아버지……."

"아버지라고?"

리사와 콘스탄체도 깜짝 놀라 따라 일어섰다.

한동안 말없이 서로의 얼굴을 뚫어져라 쏘아보는 볼프강과 그의 아버지의 얼굴을 리사와 콘스탄체가 긴장된 눈으로 지켜보았다. 아버지의 시선이 두 여자에게로 옮겨졌다.

"이 아가씨들은 누구냐?"

"리사와 콘스탄체라고 오래전부터 절 도와준 친구들이에요."

리사와 콘스탄체의 얼굴을 찬찬히 살펴보던 아버지가 무뚝뚝하게 말했다.

"나는 볼프강의 아비인 레오폴트다."

"아, 안녕하세요. 리사라고 합니다."

"콘스탄체예요."

리사와 콘스탄체의 인사에 고개를 살짝 까닥여 답례한 레오폴트가 볼프강에게 시선을 옮겼다. 그가 눈앞의 호프부르크 왕궁을 가리키

며 무뚝뚝하게 말했다.

"운 좋게도 지금 요제프 2세 폐하의 궁전에는 너의 후원자인 히에로니무스 대주교께서 황제의 고문 자격으로 머물고 계시다. 나도 대주교님 수행단의 일원으로 함께 와 있지. 만약에 볼프강 네가 대주교님께 진심으로 사과하고 다시 그분의 후원을 받겠다고 약속한다면 너를 궁정 음악가로 추천해달라고 히에로니무스 대주교님께 청을 드려볼 생각이다만."

"으음······."

볼프강의 입술 사이로 폐부에서 끌어올린 듯한 신음소리가 새어나왔다. 허름한 극장에서조차 일자리를 구할 수 없었는데, 레오폴트의 제안은 가히 파격적이라고 할 만했다. 그렇지만 리사는 볼프강에게 선뜻 제안을 받아들이라고 말할 수가 없었다. 아버지의 그늘에서 벗어나기 위해 그가 그동안 얼마나 노력했는지 잘 알고 있기 때문이다. 볼프강은 아버지에게 벗어나지 않고서는 자신이 진정으로 원하는 음악을 할 수 없다고 믿고 있었다. 머뭇거리는 리사를 대신해서 콘스탄체가 볼프강의 팔을 끌어당겼다.

"볼프강, 저와 잠시 얘기 좀 해요."

"왜 그러지?"

"웬만하면 아버지의 제안을 받아들이세요."

"아버지와 나의 사이를 몰라서 하는 소리야. 나는 더 이상 아버지와 일하고 싶지 않아."

"당신은 어른이에요. 어른은 때론 하고 싶지 않은 일도 해야 해요."

평소와는 달리 정색하는 콘스탄체를 볼프강은 왠지 무시할 수가 없었다. 한동안 고민하던 볼프강이 레오폴트를 향해 말했다.

"히에로니무스 대주교님을 만나게 해주세요."

"볼프강!"

리사가 반색하며 소리쳤다. 무엇보다 볼프강이 콘스탄체의 말을 듣기 시작했다는 사실이 그녀를 기쁘게 했다.

흡족한 미소를 머금은 채 아들의 얼굴을 보던 레오폴트가 서둘러 돌아섰다.

"쇠뿔도 단김에 빼랬다고 지금 당장 나와 함께 궁으로 들어가자."

히에로니무스 대주교를 만난 볼프강은 이마가 땅에 닿을 정도로 허리를 숙이며 진심으로 사과했다. 그는 그 자리에서 즉시 궁정 음악가로 임명되었다. 덕분에 볼프강과 리사와 콘스탄체는 그해 겨울을 따뜻하게 지낼 수 있게 되었다.

기름진 성찬을 먹고 푹신한 침대에서 늦잠을 잘 수 있게 되어 리사는 마냥 행복했지만 콘스탄체는 생각이 좀 다른 것 같았다. 그녀는 볼프강을 걱정했다. 그는 만하임에서와는 비교조차 할 수 없을 정도로 쾌활하게 변해 있었다. 낮에는 궁정 오르가니스트로서 누구보다 열심히 연주했고, 저녁에는 궁정 사람들과 어울려 먹고 마시며 즐겼다. 그는 누구보다 큰 소리로 웃었고, 누구보다 많은 친구를 사귀었

다. 궁정 사람들 사이에서 '유쾌한 모차르트 씨'로 통할 정도였다. 하지만 콘스탄체의 눈에는 볼프강이 아니라 볼프강의 껍데기만 눈앞에서 흐느적거리고 있는 것처럼 보였다.

"그는 정상이 아니야. 마치 영혼이 빠져나간 사람 같아."

눈보라가 몰아치는 한겨울 밤, 리사와 나란히 침대에 누웠던 콘스탄체가 몸을 일으켰다. 리사가 깨지 않도록 조심하며 그녀가 침실을 빠져나갔다. 복도를 살금살금 걸어간 콘스탄체가 볼프강의 방문을 노크했다. 한참만에야 문을 여는 볼프강의 얼굴이 불그스름했다. 저녁식사 때 와인을 너무 마신 탓이다. 볼프강이 술 냄새를 풀풀 풍기며 하품을 했다.

"밤늦게 무슨 일이오, 콘스탄체?"

"잠깐 들어가서 얘기 좀 할까요?"

"어어……!"

볼프강을 밀치고 방안으로 들어간 콘스탄체가 인상을 구겼다. 방안은 그야말로 난장판이었다. 테이블과 바닥, 심지어 침대 위까지 빈 술병과 치즈 등이 널려 있었다.

"이게 침실이에요, 돼지우리예요?"

"내일 하녀를 불러서 치울 테니 잔소리하지 마시오."

"으음……."

소파에 털썩 주저앉는 볼프강의 얼굴을 심각하게 보던 콘스탄체가 착 가라앉은 소리로 말했다.

"알로이지는 이제 그만 잊는 게 어때요?"

"!"

동시에 볼프강의 눈빛이 어두워졌다.

"당신들이 헤어진 건 누구의 잘못도 아니라 그냥 운명이었어요. 그러니까 스스로를 자책하는 짓 따위 그만두고 음악에 전념하도록 하세요. 요즘은 곡을 쓰는 볼프강의 모습을 본 기억조차 없군요."

"곡…… 곡이란 말이지……?"

볼프강의 한쪽 입술이 슬쩍 올라갔다. 자리를 박차고 일어난 그가 벽난로 옆에 놓여 있는 오르간을 향해 다가갔다. 오르간 앞에 앉은 그가 건반 위에 두 손을 올려놓으며 콘스탄체를 힐끗 보았다.

"정 원한다면 지금 당장 작곡할 수 있소. 그렇잖아도 얼마 전부터 떠오르는 악상이 있었거든."

"취한 상태에서 하룻밤 만에 곡을 만들겠다는 건가요?"

"안 될 건 또 뭐요?"

피식 웃으며 볼프강이 건반을 두드리기 시작했다. 기가 막힌 표정을 짓고 있던 콘스탄체의 표정이 조금씩 변했다. 음악이 진행되며 그녀의 입이 벌어지고 눈은 조금씩 커졌다. 침실의 훈훈한 공기를 타고 경쾌한 느낌의 곡이 흘러갔다. 코믹한 느낌을 풍기는 곡은 절로 어깨가 들썩일 정도로 신바람이 났다.

♩♪~♫♫~♪♪~♫~♫♩~♩~♫♩~♪♪~♩♫~♫♩~

콘스탄체의 눈앞에 곱게 차려 입은 아가씨들이 햇살 풍성한 정원에

서 깔깔거리며 숨바꼭질하는 모습이 떠올랐다. 두 손을 맞잡은 채 콘스탄체는 아름다운 선율에 귀를 기울였다. 오르간을 연주하는 볼프강의 눈에는 열정이 떠올라 있었고 그를 지켜보는 콘스탄체의 눈에는 애정이 가득했다.

'아…… 저게 바로 내가 사랑하는 볼프강의 모습이지!'

그녀의 얼굴에 말로 표현하기 힘든 진한 감동이 일렁였다. 마침내 볼프강의 격정적인 연주가 끝나자 콘스탄체는 정신없이 박수를 쳤다.

짝짝짝!

"정말 최고였어요!"

"마음에 들어요?"

"너무 재미있는 곡이에요."

"아직 제목을 정하지 못했는데……."

"흐음……."

턱을 매만지며 고민하던 콘스탄체가 불쑥 내뱉었다.

"'후궁으로부터의 도피'가 어떨까요?"

"후궁으로부터의 도피?"

"음악을 듣는 동안 궁전의 정원을 깔깔거리며 뛰어다니는 어린 후궁들의 모습이 떠올랐거든요."

볼프강이 흡족한 듯 웃으며 고개를 끄덕였다.

"후궁으로부터의 도피! 괜찮은 제목 같군. 실은 이 곡을 가지고 요제프 2세 폐하를 위한 오페라를 만들 계획이오."

세상에서 가장 슬픈 사랑

"황제께서도 틀림없이 기뻐하실 거예요."

볼프강의 천재성이 여전함을 확인하고 콘스탄체는 안심했다. 적어도 볼프강이 실연의 상처로부터 조금씩 벗어나고 있다는 믿음도 생겼다. 볼프강과 눈을 마주치고 있던 콘스탄체가 얼굴을 붉히며 나직이 입을 열었다.

"저기…… 볼프강, 나는 실은 당신을……."

콘스탄체의 고백이 시작되려는 순간 볼프강이 자리를 박차고 일어섰다.

"너무 늦었어요. 그만 당신의 침실로 돌아가는 게 좋겠군요."

"아, 예. 죄, 죄송해요."

콘스탄체가 부끄러워 어쩔 줄 몰라 하며 서둘러 일어섰다. 도망치듯 방문을 열고 나가는 그녀의 뒷모습을 보며 볼프강이 낮은 한숨을 내쉬었다. 그도 이제 콘스탄체가 좋은 여자라는 사실을 잘 알지만 아직 그녀의 마음을 받아들일 준비는 되어 있지 않았던 것이다.

눈발이 날리는 주말 오후, 호프부르크 왕궁의 홀은 요제프 2세 황제 부부와 볼프강의 후견인 히에로니무스 대주교를 비롯한 오스트리아의 귀족들로 꽉 들어찼다. 황제와 귀족들은 모차르트의 경쾌한 연주에 맞춰 무대 위를 누비는 후궁 복장의 여가수들을 내려다보며 박장대소했다. 모차르트의 유쾌한 음악과 가수들의 코믹한 연기는 그 때까지 심각한 종교음악만 들어왔던 황제와 귀족들에게 신선한 충격

144 모차르트와 콘스탄체

을 던져주었다. 레오폴트와 나란히 앉아 오페라를 감상하며 리사와 콘스탄체도 사람들이 볼프강의 천재성을 다시 알아봐주는 것만 같아 신이 났다.

"와아아!"

"브라보! 브라보!"

"모차르트, 원더풀!"

오페라가 끝나자마자 객석을 가득 메운 관객들이 박차고 일어나 열렬히 환호했다. 다른 귀족들과 함께 일어서서 흡족한 표정으로 박수치는 황제 부부를 발견하고 콘스탄체는 눈물이 흐를 정도로 기뻐했다. 볼프강이 여가수들과 함께 무대 앞쪽으로 걸어 나왔다. 그가 황제와 귀족들을 향해 정중히 허리를 숙이자 다시 한 번 우레와 같은 박수가 터져 나왔다. 바야흐로 모차르트에게 제2의 전성기가 찾아오는 것처럼 보였다.

"볼프강, 정말 대단했어요!"

오페라가 끝난 후에 열린 연회에서 볼프강과 마주친 콘스탄체는 흥분을 감추지 못했다. 리사와 나란히 서 있던 레오폴트도 아들을 향해 미소 지었다.

"제법이더구나."

좀 더 제대로 칭찬해주면 좋을 거라고 생각하다가 리사는 고개를 가로저었다. 레오폴트의 입에서 이 정도 칭찬이 나온 것도 처음이었기 때문이다.

이때 볼프강이 콘스탄체를 향해 불쑥 말했다.

"콘스탄체, 혹시 내일 시간 있어요?"

"시간이야 많지만 대체 왜요?"

"괜찮으면 내일 나와 시내를 구경하지 않겠어요?"

눈을 크게 뜨고 볼프강의 얼굴을 보던 콘스탄체가 떨리는 목소리로 되물었다.

"혹시 나한테 데이트 신청하는 거예요?"

"꼭 그런 것은 아니지만……."

리사가 볼프강의 옆구리를 팔꿈치로 쿡 찔렀다.

"데이트 맞구만 뭘 그래?"

"그, 그런 건가?"

"기꺼이 가겠어요! 정말 고마워요, 볼프강!"

기뻐서 어쩔 줄 몰라 하는 콘스탄체를 보며 리사가 빙그레 미소 지었다. 콘스탄체의 오랜 바람이 이루어지는 것만 같아 리사도 진심으로 반가웠다.

그런데 딱 한 사람만은 기분이 썩 유쾌하지 않은 것 같았다. 레오폴트가 무엇이 그리 불만인지 눈을 가늘게 뜨고 리사를 지그시 쏘아보았다.

다음 날 오전, 정장과 체스터필드 코트로 한껏 멋을 부린 볼프강이 콘스탄체와의 만남을 준비하는 모습을 리사는 흐뭇하게 지켜보고 있었다.

"데이트 잘하고 와."

"데이트 아니라니까."

얼굴을 붉히며 소리치는 볼프강을 향해 리사가 눈을 흘겼다.

"으이그~ 데이트라고 하면 누가 잡아먹나?"

"어쨌든 다녀올 테니까 혼자라고 굶지 말고 점심 꼭 챙겨먹어."

"내 걱정은 말고 다녀오세요."

도망치듯 복도를 걸어가는 볼프강의 뒷모습을 흐뭇하게 보다가 리사는 천천히 돌아섰다. 순간 리사는 소스라치게 놀라고 말았다.

"허억!"

바로 앞에 딱딱하게 굳은 얼굴의 레오폴트가 서 있었기 때문이다. 리사가 가슴을 쓸어내리며 말을 걸었다.

"레오폴트 씨, 간 떨어지는 줄 알았어요."

레오폴트가 낮게 깔리는 소리로 물었다.

"볼프강은 콘스탄체를 만나러 간 건가?"

"예."

"리사 양."

레오폴트가 정색하며 부르자 리사는 살짝 긴장했다.

"리사 양은 우리 볼프강이 성공하기를 진심으로 바라고 있지?"

"당연하죠. 우리는 오랫동안 친구였는걸요."

"그래, 나도 리사 양을 믿고 있어. 그래서 말인데, 리사 양이 볼프강을 말려주지 않겠어?"

"말리다뇨? 뭘요?"

"볼프강과 콘스탄체가 사귀지 못하도록 말이야."

"예에? 그게 대체 무슨 말씀이세요?"

기겁하는 리사의 얼굴을 똑바로 쳐다보며 레오폴트가 힘주어 말했다.

"볼프강은 원래 여자에게 약해. 내가 보기에 이 어리석은 녀석이 또 여자 따위에 빠져 기회를 날려버리려 하고 있어. 볼프강의 성공을 바라는 우리 둘이 힘을 합쳐 볼프강과 콘스탄체를 떼어놓는 게 당연하지 않을까?"

"하아……!"

너무 기가 막혀 리사는 어깨를 축 늘어뜨렸다. 한동안 레오폴트의 눈을 들여다보던 리사가 간신히 화를 참는 목소리로 말했다.

"레오폴트 씨, 볼프강은 성인이에요. 볼프강이 누구를 사랑하든 그건 그의 자유가 아닐까요? 아무리 아버지라도 그런 것은 간섭할 수 없다고 생각합니다."

순간 레오폴트의 얼굴이 험악하게 일그러졌다. 리사의 얼굴을 쏘아보던 레오폴트가 내뱉듯이 중얼거렸다.

"이제 보니 너도 한통속이었군. 콘스탄체뿐만 아니라 리사 너도 볼프강에게서 떼어놓고야 말겠어."

"레오폴트 씨! 레오폴트 씨!"

148 모차르트와 콘스탄체

리사가 다급히 불렀지만 레오폴트는 결코 멈춰 서지 않았다.

"싫습니다! 아버지가 뭐라고 하든 콘스탄체와 계속 만날 거예요!"
저녁 때 왕궁으로 돌아오자마자 레오폴트의 충고를 들은 볼프강이 펄펄 뛰며 화를 냈다. 레오폴트 또한 아들에게 지지 않았다.
"네가 이렇게 어리석으니 함부로 여자를 사귀지 말라고 하는 거야. 결국 여자 때문에 명성을 모두 잃고 거리를 떠돌다가 아비의 도움으로 궁정 음악가가 됐지 않니?"
볼프강이 발끈했다.
"그 말 취소하세요."
"절대로 못 한다."
눈을 치켜뜨고 서로를 잡아먹을 듯 노려보는 부자를 콘스탄체가 간신히 말렸다.
"저기…… 두 사람 다 일단 진정부터 하시고……."
콘스탄체의 말이 채 끝나기도 전에 볼프강이 선언했다.
"애초 아버지의 도움 따윈 받는 게 아니었어요. 나도 틀에 박힌 음악만 만들어야 하는 궁정 생활은 지긋지긋해요. 내일 당장 히에로니무스 대주교께 사임을 청하겠어요."
"볼프강, 단단히 미쳤구나? 이번에도 후원을 뿌리치고 나가면 다시는 중앙 무대에 설 수 없을 거다."
"부유하든 가난하든 저는 제가 하고 싶은 음악을 하며 살겠어요. 그

세상에서 가장 슬픈 사랑

게 내가 곡을 만드는 이유니까요."

"볼프강, 정신 차려!"

"나한테 소리치지 말아요. 어려서부터 날 물건 취급한 아버지는 내게 소리칠 자격 없어요."

"너, 이 자식!"

레오폴트가 분노를 이기지 못하고 온몸을 부들부들 떨며 아들의 얼굴을 노려보았다. 마치 자신이 부자의 관계를 완전히 파탄내버린 것만 같아 콘스탄체는 전전긍긍했다. 콘스탄체가 레오폴트를 향해 머리를 꾸벅 숙였다.

"모두가 제 잘못이에요. 정말 죄송합니다."

"잘못을 안다면 스스로 떠나는 주는 건 어떨까?"

"예에?"

"볼프강의 성공을 바란다면 그렇게 해야 하는 거 아닌가?"

"저는…… 저는……."

당황한 콘스탄체의 손목을 낚아채며 볼프강이 버럭 고함쳤다.

"지금 이 시간부터 우린 정식으로 사귈 거예요. 당연히 콘스탄체는 어디로든 가지 않을 겁니다!"

"끄으으……!"

레오폴트가 핏발선 눈으로 볼프강과 콘스탄체의 얼굴을 번갈아 쏘아보았다.

150 모차르트와 콘스탄체

그날 밤 볼프강은 자신의 방에서 짐을 쌌다. 그는 내일 날이 밝자마자 대주교에게 사직서를 제출하고 궁을 떠날 생각이었다.

똑똑!

"들어와요."

노크소리가 들리자 볼프강이 무뚝뚝하게 대답했다. 방문이 열리며 콘스탄체가 들어왔다.

"오, 콘스탄체. 이쪽으로 앉아요."

"아뇨, 서서 말할게요."

콘스탄체의 창백한 얼굴을 들여다보며 볼프강이 고개를 갸웃했다.

"콘스탄체, 안색이 왜 그래요? 혹시 무슨 일 있어요?"

"볼프강, 당신 때문에 내가 그동안 얼마나 행복했는지 알아요?"

"왜 갑자기 그런 소리를 해요? 꼭 멀리 떠나려는 사람 같잖아요."

"아뇨, 나는 아무 데도 가지 않아요."

콘스탄체가 억지로 웃으며 고개를 가로저었다. 그리고 눈물을 숨기려는 듯 황급히 돌아섰다.

"그럼 잘 쉬어요, 볼프강."

"콘스탄체도 잘 자요."

콘스탄체가 나가고 닫힌 방문을 가만히 바라보던 볼프강이 다시 가방을 싸기 시작했다. 한 삼십 분쯤 흘렀을까? 리사가 방문을 열어젖히고 뛰어들며 소리를 질렀다.

"볼프강, 큰일 났어!"

"큰일이라니?"

"콘스탄체가…… 콘스탄체가 볼프강의 성공을 빈다는 쪽지를 남겨 두고 떠나버렸어!"

"뭐라고?"

"콘스탄체! 콘스탄체!"

콘스탄체의 이름을 애타게 부르며 볼프강과 리사는 한밤의 텅 빈 거리를 헤매고 다녔다. 벌써 한 시간 넘게 헤맸지만 복잡한 도시에서 콘스탄체를 찾아내기란 불가능에 가까운 일이었다. 리사가 입김을 하얗게 뿜으며 절망적으로 중얼거렸다.

"콘스탄체는 이미 멀리 가버린 것 같아. 어떡하면 좋지, 볼프강?"

"으음……."

입술을 잘근잘근 깨물던 볼프강이 갑자기 도로로 뛰어들었다. 그리고 무섭게 달려오는 말을 가로막았다.

"스톱! 스톱!"

"으악! 당신 미쳤어?"

히히힝!

말이 앞발을 번쩍 쳐들며 팔을 활짝 벌린 볼프강 앞에서 가까스로 멈춰 섰다. 볼프강이 말에 올라탄 젊은 신사에게 지갑을 통째로 던져 주었다.

"나의 전 재산이오! 이 정도면 시세의 두 배는 될 테니 이 말을 내게

세상에서 가장 슬픈 사랑 153

넘기시오!"

"……!"

리사가 충격으로 입을 쩍 벌린 채 볼프강을 쳐다보았다. 볼프강의 저런 적극적인 모습은 처음이었기 때문이다.

"끼랴! 끼랴!"

볼프강은 리사를 뒤에 태운 채 어두운 밤거리를 바람처럼 질주했다. 칼바람이 사정없이 불어 닥쳐 리사는 숨조차 제대로 쉴 수가 없었다. 리사가 볼프강의 귀에 대고 소리쳤다.

"콘스탄체가 어디로 갔는지 알고 달려가는 거야?"

"아니, 몰라!"

"그런데 무작정 달리면 어떡해?"

"왠지 이렇게 보내면 콘스탄체를 영영 보지 못할 것 같은 기분이야! 그 예감이 나를 견딜 수 없게 만들어!"

"볼프강……!"

이때 리사의 눈에 저 앞에 고개를 푹 숙인 채 걸어가는 젊은 여자의 뒷모습이 들어왔다. 두툼한 털 코트를 입고 숄로 머리와 어깨를 감싼 모습이 눈에 익었다. 리사가 여자를 가리키며 외쳤다.

"콘스탄체가 틀림없어!"

"워어어!"

볼프강이 여자의 앞을 가로막으며 억지로 말을 세웠다. 허연 입김을 내뿜는 말에서 뛰어내리는 볼프강과 리사를 발견하고 콘스탄체가 새된 소리를 질렀다.

"볼프강! 리사! 여긴 어떻게 알고 온 거야?"

"나와 결혼해주겠어, 콘스탄체?"

볼프강이 다짜고짜 콘스탄체를 끌어안아버렸다. 볼프강의 품에 안긴 채 입을 쩍 벌린 콘스탄체의 눈에서 굵은 눈물 방울이 주르륵 흘러내렸다. 콘스탄체도 볼프강을 안으며 울먹였다.

"기꺼이! 기꺼이 하겠어요, 볼프강!"

리사가 손뼉을 마주치며 환호했다.

"어쩜, 로맨틱하기도 하지!"

날이 밝자마자 볼프강은 히에로니무스 대주교를 찾아가 사표를 제출했다. 볼프강을 바라보는 대주교의 안색이 얼음장처럼 싸늘해졌다.

"내가 충고 한 마디 하겠네, 볼프강. 자네는 그 어린아이처럼 변덕스런 성격을 고치지 않으면 절대로 음악가로 성공할 수 없을 거야. 자네에게 신이 부여하신 능력이 있든지 없든지 상관없이 말일세."

"충고 마음 깊이 새기도록 하겠습니다."

볼프강은 뒤도 돌아보지 않고 콘스탄체의 손을 꼭 잡은 채 호프부르크 왕궁을 빠져나왔다.

"당분간은 힘든 시간을 보낼 수도 있어. 콘스탄체, 당신 정말 괜찮겠어?"

세상에서 가장 슬픈 사랑

"걱정 말아요. 나는 당신과 함께라면 눈밭에서라도 행복하게 잠들 수 있어요."

"고마워, 콘스탄체."

"고마운 사람은 오히려 나예요."

두 사람은 애정 가득한 눈으로 서로를 마주보았지만 한 발 떨어져 따라오는 리사는 땅이 꺼져라 한숨을 쉬었다.

"후우~ 문제는 정말 눈밭에서 자게 될지도 모른다는 사실이지."

7 불안한 결혼생활

 궁을 나온 볼프강은 겨울이 끝나갈 무렵 콘스탄체와 조촐한 결혼식을 올렸다. 레오폴트조차 참석하지 않아 하객이라곤 달랑 리사 한 명뿐이었다. 그래도 두 사람은 행복해 보였다. 부부는 창고처럼 허름한 건물의 다락방을 빌려서 신혼생활을 시작했다. 하지만 당장 수입이 없어서 벽난로에 넣을 장작조차 구하지 못해 오들오들 떨며 잠들곤 했다. 아침에 일어나면 온몸이 석고상처럼 굳어서 한참이 지나야 움직일 수 있었다.
 그런 아침이면 리사가 볼프강을 향해 짜증을 부렸다.
 "대체 어쩌자고 대책도 없이 궁을 뛰쳐나온 거야! 어느 날 아침에 꽁꽁 얼어붙은 시체로 발견돼야 정신을 차리겠어, 엉?"
 그러면 콘스탄체가 재빨리 볼프강을 두둔하고 나섰다.

"리사, 너무 그러지 마. 볼프강은 머지않아 대단한 곡을 만들어서 아주 유명해질 거야. 리사도 볼프강의 실력에 대해선 잘 알고 있잖아."

"으이그~ 부부가 똑같으니 정말 큰일이다, 큰일!"

리사가 답답한 듯 주먹으로 가슴을 두드리고 있으면 볼프강은 스윽 일어나 구석에 놓인 오르간을 향해 다가갔다. 건반을 두드리며 작곡에 열중하는 볼프강의 얼굴은 무척 행복해 보였다. 비록 가난했지만 그는 답답한 궁을 탈출한 것을 진심으로 기쁘게 생각하는 눈치였다. 물론 콘스탄체는 그와 함께라면 눈보라 속이라도 마다하지 않을 테니 당연히 행복했다.

"후유~ 자유를 누리고 싶으면 일단 대책이 있어야 할 것 아니냐고."

오직 답답한 사람은 리사뿐인 것 같았다.

계절이 바뀌었지만 볼프강의 사정은 나아지지 않았다. 그는 당시로선 이례적으로 후원자 없이 독립된 음악가로서 생활을 꾸려나갔다. 하지만 예약 연주회와 음악교사 그리고 작곡집을 출판사에 파는 것 등으로 얻는 수입은 보잘 것이 없었다.

그럼에도 볼프강은 하루가 멀다 하고 비싼 옷과 가구를 사들이고, 친구들을 초대해 파티를 열었다. 툭하면 악상이 떠오르지 않는다며 먼 지방으로 여행을 떠나기도 했다. 버는 돈보다 씀씀이가 헤프니 나날이 빚만 쌓여갔다. 그래도 볼프강의 낭비벽은 멈추지 않았다.

콘스탄체는 남편의 무절제한 생활을 묵인했다. 그녀는 여기저기서

돈을 빌리거나 그것도 여의치 않으면 가구를 하나씩 내다팔면서 볼프강의 유흥비를 댔다.

오죽하면 보다 못한 리사가 콘스탄체에게 따지기까지 했다.

"콘스탄체, 대체 언제까지 볼프강을 응석받이로 만들 생각이야? 콘스탄체가 모든 부탁을 들어주니까 볼프강이 점점 더 철없이 행동하는 거 아니냐구!"

그러면 그녀는 빙그레 미소 지으며 이렇게 대답하는 것이다.

"나는 웬만하면 볼프강이 원하는 일은 무엇이든 해주고 싶어. 파티를 열거나 새 옷을 입을 때면 가끔씩 보여주는 볼프강의 천진한 미소가 나를 더할 수 없이 행복하게 만들거든."

"콘스탄체……."

리사도 어렴풋이나마 콘스탄체의 마음을 알 것 같았다. 콘스탄체는 자신이 목숨처럼 사랑하는 볼프강을 위해 무엇이든 해주고 싶었던 것이다. 그가 짧은 미소를 보일 때마다 자신이 그의 곁에 있는 게 그를 위해서도 좋은 일이라고 확인받고 싶었던 것이다. 아낌없이 주는 나무처럼 볼프강에게 끊임없이 베풀기만 하는 콘스탄체를 보며 리사는 가슴이 아팠다.

'콘스탄체, 볼프강을 행복하게 만드는 것도 중요하지만 가끔은 스스로의 행복도 돌아보도록 해. 나는 당신이 지쳐서 쓰러져버릴까 봐 걱정이야.'

콘스탄체의 헌신적인 사랑을 받으며 다행히 볼프강은 조금씩 안정

을 찾았다. 아내의 아낌없이 배려 속에서 볼프강은 당대 최고의 음악가 하이든과 교류하며 그에게 자극받아 창작열을 불태우기도 했다. 예약 연주회를 위해 많은 피아노곡을 작곡한 것 외에 교향곡 제35번 '하프너', 교향곡 제36번 '린쯔', 하이든에게 바쳐진 '현악 4중주곡 제14-19번' 그리고 유명한 오페라 '피가로의 결혼' 등 불후의 걸작들이 속속 탄생했다.

특히 오페라 '피가로의 결혼'은 빈에서 사그라져가던 볼프강의 명성을 되살리는 데 결정적 역할을 했다. 역사에 남을 오페라가 탄생하는 데는 콘스탄체의 역할이 절대적이었다.

아내의 배려 속에서 많은 곡을 작곡했지만 당시 볼프강은 큰 인기를 얻지 못했다. 초조해진 볼프강은 다시 방황했다. 어느 여름 밤, 술에 잔뜩 취한 볼프강이 문을 박차고 들어와 쓰러졌다.

거실에 마주앉아 차를 마시고 있던 콘스탄체와 리사가 깜짝 놀라 볼프강을 향해 달려갔다.

"볼프강, 정신 차려요!"

"끄으으…… 로렌츠 다폰테! 이 녀석을 그냥 두지 않겠어!"

만취한 볼프강이 고래고래 소리를 지르며 허공에 대고 주먹을 휘둘렀다. 콘스탄체가 볼프강을 억지로 소파에 눕히며 물었다.

"로렌츠 다폰테가 대체 누구예요?"

"끄윽, 궁정 음악가 살리에르의 오페라를 연달아 히트시킨 유명한 대본 작가야. 그래서 나도 그 작자한테 오페라 대본을 좀 받으려고 청탁했지. 그런데 나 같은 무명 음악가한테는 써줄 수 없다며 거절하지 뭐야. 치사한 녀석 같으니라구!"

"으음……."

곤혹스런 표정으로 신음을 흘리는 콘스탄체를 리사가 위로했다.

"자고나면 괜찮아질 테니 너무 걱정하지 마."

"내가 로렌츠 다폰테를 만나봐야겠어."

"만나서 어쩌려고?"

눈을 동그랗게 뜨는 리사를 향해 콘스탄체가 결연하게 말했다.

"어떻게든 볼프강을 위해 대본을 쓰게 만들어야지."

"하지만 대체 무슨 수로……?"

날이 밝자마자 콘스탄체는 리사와 함께 로렌츠 다폰테의 집을 찾아 나섰다. 로렌츠 다폰테가 워낙 유명했기 때문에 그의 집을 찾아내는 것은 그리 어려운 일이 아니었다. 번듯한 저택의 현관 앞에서 콘스탄체와 리사는 한동안 서성였다.

리사가 답답한 듯 물었다.

"대체 뭘 어쩌려고 그래?"

"일단 로렌츠 다폰테 씨를 만나봐야지."

"그런 다음에는?"

"바짓단이라도 붙잡고 매달려야지. 우리 남편에게 제발 근사한 대본을 써달라고 말이야."

리사가 손바닥으로 이마를 딱 때렸다.

"어이쿠, 참 잘도 써주겠다."

이때 현관문이 벌컥 열리더니 콘스탄체 또래의 깐깐하게 생긴 부인이 나왔다. 부인이 허름한 행색의 콘스탄체와 리사를 의아한 눈으로 훑어보더니 싱긋 웃었다.

"하녀를 모집한다는 기사를 보고 찾아온 분들이죠?"

"그런 게 아니라…… 으읍!"

손사래 치는 리사의 입을 콘스탄체가 재빨리 틀어막았다. 그리고 부인을 향해 빠르게 말했다.

"예, 맞아요. 저희 둘은 하녀가 되고 싶어서 찾아왔답니다."

"두 사람 다 채용할 테니까 들어와요. 집안에 할 일이 산더미예요."

"하녀라니 무슨 소리야? 나는 이런 천한 일 죽어도 못 한다구!"

욕실에서 산더미처럼 쌓인 빨래를 앞에 두고 리사가 방방 뛰었다. 콘스탄체가 그런 리사를 억지로 달랬다.

"내게 다 생각이 있으니까 제발 조용히 좀 해줘."

"죽으면 죽었지 빨래 따윈 절대로 하지 않을 거야."

"내가 다 할 테니까, 리사는 구경만 하고 있어."

"쳇!"

단단히 화가 난 리사가 팔짱을 끼며 고개를 휙 돌려버렸다.

리사가 그러거나 말거나 콘스탄체는 묵묵히 빨래를 시작했다. 어찌

나 열심히 하는지 오래지 않아 그녀의 얼굴이 땀투성이로 변했다. 나와는 상관없는 일이라며 지켜만 보던 리사도 조금씩 미안해졌다. 콘스탄체가 볼프강을 위해 최선을 다하고 있다는 사실을 누구보다 잘 알고 있는 리사가 아닌가. 결국 그녀도 콘스탄체 옆에 쪼그리고 앉을 수밖에 없었다.

"아주 조금만 도와줄 거야."

"고마워, 리사."

빨래를 벅벅 문지르며 리사가 짜증스럽게 말했다.

"나는 아직도 이런 게 효과가 있을 거라고는 생각하지 않아."

하루 온종일 콘스탄체와 리사는 정말 하녀라도 된 듯 빨래를 하고, 집안 구석구석을 청소하고 요리까지 만들었다. 너무도 부지런히 일하는 두 사람의 모습에 부인은 매우 흡족해 하는 눈치였다.

저녁 시간이 가까워서야 일을 모두 마친 콘스탄체의 손에 부인이 원래 금액보다 조금 더 많은 돈을 쥐어주었다.

"오늘 정말 수고 많았어요. 내일도 와주지 않겠어요?"

땀에 젖은 얼굴로 부인을 물끄러미 바라보던 콘스탄체가 부인에게 돈을 돌려주었다.

"죄송하지만 이 돈은 받을 수가 없습니다."

"어째서요?"

의아한 표정을 짓는 부인을 향해 콘스탄체가 머리를 숙였다.

"일단 사과부터 드려야겠군요. 저희는 실은 하녀가 아니랍니다."
"네? 그럼 왜 하루 종일 우리 집에서 일을 했는데요?"
"그건 부군이신 로렌츠 다폰테 씨에게 부탁드릴 일이 있어서예요."
"뭐라고요?"
부인의 얼굴에 경계심이 떠올랐다.
"미안하지만 지금 당장 나가줘요."
싸늘한 얼굴로 현관을 가리키는 부인을 향해 콘스탄체가 사정조로 말했다.
"제발 딱 일 분만 제 말을 들어주세요."
콘스탄체의 절박한 눈을 들여다보던 부인이 마지못해 고개를 끄덕였다.
"딱 일 분이에요."
"고맙습니다, 정말 고맙습니다."
부인을 향해 연신 머리를 조아리는 콘스탄체를 보며 리사는 자신은 절대로 저렇게 할 수 없을 것이라고 생각하며 혀를 내둘렀다. 콘스탄체가 차분한 목소리로 자신이 찾아온 이유에 대해 설명했다. 일 분이 채 되기도 전에 콘스탄체의 설명은 끝이 났다. 턱을 어루만지며 생각에 잠겨 있던 부인이 한결 누그러진 목소리로 말했다.
"그러니까 남편인 모차르트 씨의 음악에 맞는 오페라 대본을 저희 남편에게 부탁하기 위해 하루 종일 하녀 노릇을 했다는 말인가요?"
"부인을 속인 건 정말 미안하게 생각합니다. 하지만 이런 방법이 아

니고는 남편을 도울 길이 없었어요. 부디 저희 남편을 위해 대본을 써달라고 부군께 한 번만 말씀드려주시면 안 될까요?"

"으음……."

부인이 고민에 빠져 있을 때 서재의 문이 열리며 날렵한 몸매에 꼭 맞는 정장 차림의 로렌츠 다폰테가 모습을 드러냈다.

"여보, 이분들은 누구시지?"

부인이 그를 돌아보며 불쑥 물었다.

"당신 혹시 모차르트 씨라고 알아요?"

"아, 그 괴팍한 작곡가? 물론 알고 있지. 그런데 왜?"

부인이 남편의 눈을 똑바로 쳐다보며 힘주어 말했다.

"당신이 그 괴팍한 작곡가를 위해서 대본을 써줘야 할 것 같아요."

"내가 대체 왜 그래야만 하지?"

황당한 표정을 짓는 남편을 향해 부인이 빙그레 미소 지었다.

"왜냐하면 나도 당신을 돕기 위해서라면 기꺼이 하녀가 되었을 테니까요."

로렌츠 다폰테가 대본을 써준 오페라 '피가로의 결혼'은 가을 첫 공연부터 관객들의 엄청난 호응을 받았다. 신분제도를 비웃는 코믹한 대본과 볼프강 특유의 유쾌한 음악에 관객들은 배꼽이 빠질 정도로 웃어젖히며 박수를 보냈다. 볼프강은 잃어버린 명성도 조금씩 되찾고 빚도 어느 정도 정리할 수 있었다. 하지만 그것도 잠시 동안이

었다. 여전히 돈을 버는 속도보다 쓰는 속도가 훨씬 빨랐기 때문에 형편은 좀처럼 나아지지 않았다.

더구나 '피가로의 결혼' 외에는 이렇다 할 성공을 거두지 못하는 것도 문제였다. 후원자를 배제하고 철저하게 자신만의 독창적인 음악 세계로 파고들면서 볼프강의 음악은 차원이 다른 경지로 올라서고 있었다. 그런데 아이러니컬하게도 볼프강의 음악 세계가 높은 경지로 올라설수록 사람들은 그의 음악에 등을 돌렸다. 예약 연주회에는 관객이 모이지 않았고, 작곡 의뢰도 줄었다. 볼프강과 콘스탄체 부부의 생활은 더욱 궁핍해졌다.

볼프강은 '피아노 협주곡 B장조', '현악 5중주곡 E플랫 장조', 가극 '마적' 등을 작곡하는 등 여전히 음악에 심취해 있었지만 그 무렵부터 병마가 그를 괴롭히기 시작했다. 방탕한 생활과 가난 그리고 세상으로부터 인정받고 있지 못하다는 자괴감이 결국 그를 쓰러뜨리고야 만 것이다.

병석에 누운 볼프강을 아내 콘스탄체는 극진히 간병했다. 그녀는 남편의 머리맡에서 책을 읽거나 그의 여윈 몸을 따뜻한 물수건으로 닦아주면서 오히려 행복한 표정을 짓곤 했다.

"당신에겐 미안하지만 당신이 병석에 누워 있는 게 꼭 나쁜 일만은 아니에요. 이렇게 하루 종일 곁에서 당신을 만지며 이야기를 나눌 수 있으니까요."

아내의 얼굴을 빤히 쳐다보던 볼프강의 입가에 푸근한 미소가 피어

올랐다.

"콘스탄체."

"왜요?"

"미안하오."

"뭐가요?"

"그냥 당신에겐 모든 게 다 미안하기만 하군."

"그런 말은 하지 말아요. 당신은 나에게 잘못한 게 하나도 없으니까요."

"나도 이제는 알 것 같아. 나에게 진정한 사랑은 나의 아내이자 동지인 콘스탄체 당신뿐이었다는 사실을."

"……!"

순간 콘스탄체의 눈이 커다래졌다. 탁자에 앉아서 책을 읽고 있던 리사도 놀란 표정으로 콘스탄체를 보았다. 그녀의 눈에 맑은 눈물이 고이는 것을 리사는 똑똑히 보았다. 하지만 콘스탄체는 억지로 눈물을 참아냈다. 그리고 말없이 허리를 구부려 볼프강의 이마에 키스를 해주었다. 그녀의 절제된 동작에 리사는 가슴이 뭉클해지는 감동을 느꼈다. 아직 어려서 정확히 알 수는 없지만 모차르트를 향한 콘스탄체의 헌신적인 마음이야말로 진정한 사랑일 거라고 리사는 생각했다.

그해의 첫눈이 소담스럽게 내리는 저녁, 리사가 직접 만든 스프를 들고 볼프강의 방으로 들어갔다.

"콜록! 콜록!"

방문을 열자마자 숨 가쁜 기침소리가 들렸다. 볼프강은 침대에 앉아서 가슴을 감싼 채 고통스럽게 기침을 토했다. 그 와중에도 무릎 위에 놓인 서탁에는 작업 중인 악보가 펼쳐져 있었다.

"볼프강, 괜찮아?"

리사가 그를 향해 다가갔다. 볼프강이 간신히 기침을 그치고 괜찮다는 듯 손을 흔들었다. 리사가 서탁 위에 놓인 악보를 치우고 그 위에 스프 접시를 놓아주었다.

"무슨 곡을 작업 중이야?"

"얼마 전에 의뢰받은 진혼 미사곡 '레퀴엠'이야."

"진혼 미사곡이라고……?"

저도 모르게 리사의 미간이 일그러졌다. 하필이면 중병을 앓고 있는 지금 장례식장에서 쓰이는 불길한 곡을 의뢰받았다는 게 마음에 걸렸다. 리사의 마음을 알아차린 볼프강이 빙긋 웃으며 스프 접시를 치우고 그 자리에 다시 악보를 올려놓았다.

"아직은 리사와 헤어질 생각이 없으니까 걱정하지 마."

"왜 그런 불길한 말을 해?"

리사가 살짝 붉어진 눈으로 볼프강을 흘겨보았다. 악보에 음표를 그려 넣던 볼프강이 문득 물었다.

"그런데 콘스탄체가 안 보이는군."

"당신이 좋아하는 생선을 사러 시장에 갔어."

"눈이 이렇게 퍼붓는데 뭐하러…… 콜록! 콜록!"

172 모차르트와 콘스탄체

볼프강의 기침이 다시 터졌다. 리사의 그의 등을 두드려주었다. 간신히 기침을 그친 그가 지친 얼굴로 부탁했다.

"미안하지만 저쪽 서가에서 하이든의 악보집을 가져다주겠어?"

"알았어."

리사가 몸을 돌려 수백 권의 악보집이 빼빼하게 꽂혀 있는 서가로 향했다. 샅샅이 뒤졌지만 문제의 악보집은 찾을 수 없었다. 한참동안 악보집을 찾고 있는데, 어깨 너머에서 볼프강의 힘없는 목소리가 들려왔다.

"리사……."

"열심히 찾고 있으니까 조금만 기다려."

"나는 좋은 남편이었을까?"

"!"

순간 리사는 멈칫했다. 잠시 고민하던 리사가 고개를 살짝 끄덕였다.

"물론 당신은 좋은 남편이야. 적어도 콘스탄체는 그렇게 생각하고 있을 거야."

"그래, 콘스탄체를 만난 건 내 인생에서 가장 큰 행운이었지. 물론 리사 너를 만난 것도 마찬가지고."

리사가 마침내 서가 구석에 꽂힌 악보집을 발견했다. 악보집에 뽀얗게 쌓인 먼지를 툭툭 털며 그녀가 물었다.

"볼프강, '하이든의 명곡 모음집'이라고 쓰여 있는 게 맞지?"

"……."

"볼프강?"

"……."

리사가 연이어 불렀지만 대답은 들리지 않았다. 리사는 그를 향해 돌아서지도 못한 채 엉거주춤 서 있었다. 정적을 타고 짙은 불안감이 뭉클뭉클 밀려들었다. 한참만에야 리사가 울음을 억지로 참으며 몸을 돌려세웠다.

"그새 잠든 거야? 그럴 거면서 악보집은 왜 찾아달라고 했어?"

볼프강은 침대에 앉아 오른손에 펜을 쥔 채 고개를 푹 숙이고 있었다. 그의 손은 죽은 자를 위한 진혼미사곡 '레퀴엠'의 악보를 채워가던 중이었다. 하지만 리사는 이미 알고 있었다. 저 악보가 결국 미완성으로 남게 되리라는 사실을.

"안녕, 볼프강. 당신을 만난 건 내게도 큰 행운이었어."

후우우웅―

순간 리사의 몸을 따라 빛이 눈부시게 떠오르기 시작했다. 그것이 자신을 과거로 끌어들인 그 빛이란 걸 알았지만 리사는 아무래도 상관없다고 생각했다. 깊은 슬픔이 그녀의 가슴을 채웠다. 그녀의 모습이 점차 강렬해지는 빛 속에서 흐릿해지고 있을 때, 방문을 박차고 콘스탄체가 뛰어 들어왔다. 장바구니를 팽개치고 달려온 콘스탄체가 볼프강을 와락 끌어안으며 울부짖었다.

"볼프강, 나를 두고 가지 말아요!"

동시에 억지로 참고 있던 리사의 눈에서도 눈물이 후두둑 떨어졌

다. 리사는 손을 뻗어 콘스탄체를 위로해주고 싶었다. 그러나 자신이 더 이상 과거에 속해 있지 않다는 사실을 깨달았다. 영혼과 육신이 또 다른 차원으로 빨려 들어가는 것을 느끼며 리사가 콘스탄체와 볼프강에게 마지막 인사를 건넸다.

"안녕, 나의 사랑하는 친구들. 당신들의 진정한 사랑은 어디를 가든 영원히 잊지 못할 거야."

방안을 가득 채웠던 빛이 순식간에 흩어지며 리사의 모습도 18세기의 오스트리아 빈에서 감쪽같이 사라져버렸다.

이때가 1791년, 볼프강 아마데우스 모차르트의 나이 고작 서른여섯 살이었다.

"맙소사…… 이건 또 무슨 일이지?"

자신이 성북동 주택가 골목에 우두커니 서 있음을 깨닫고 리사는 황당한 듯 중얼거렸다. 상쾌한 바람이 뺨을 쓰다듬고 지나가며 현실 감각을 일깨워주었다. 처음 과거로 떨어질 때와 비교해서 달라진 것이라곤 책장수 노인과 노인이 선물한 책이 사라져버렸다는 정도였다. 주변을 에워싼 고급 주택들의 높다란 담장과 봄의 훈훈한 공기는 그대로였다.

한동안 눈을 껌뻑껌뻑하고 있던 리사가 억지로 웃으며 중얼거렸다.

"그래, 머나먼 과거에 살았던 모차르트를 만나고 온다는 것 자체가 말이 되질 않아. 아마도 내가 꿈을 꾸었던 모양이야. 그런데 선 채로

불안한 결혼생활 175

잠이 드는 게 가능한 일인가?"

고개를 갸웃거리며 리사가 집을 향해 돌아서려고 할 때 길 저쪽에서 터벅터벅 걸어오는 누군가의 그림자가 보였다. 낡은 셔츠와 청바지를 입고 있지만 어딘지 고급스런 분위기를 풍기는 남자아이가 선재임을 알아보는 데는 그리 오랜 시간이 필요하지 않았다.

울컥 화가 치민 리사가 선재를 향해 다가갔다.

"이선재!"

"!"

리사가 불쑥 앞을 가로막자 선재가 깜짝 놀랐다. 어리둥절한 선재의 얼굴을 리사가 째려보았다.

"너, 어디 갔다 오는 거야?"

"아빠가 입원해 있는 병원에……."

"그런데 왜 이렇게 오래 걸렸? 어디서 농땡이 부리고 오는 거 아니야?"

"고작 한 시간밖에 안 걸렸는데?"

"그, 그래? 그런데 난 왜 이리 오래 걸린 것 같지?"

당황하는 리사의 얼굴을 들여다보던 선재가 예의 그 사람 좋은 미소를 떠올렸다. 그런 선재가 얄미워 리사가 무뚝뚝하게 물었다.

"너 혹시 모차르트와 콘스탄체에 대해서 알고 있어?"

"모차르트는 알겠는데 콘스탄체는 누구지?"

"역시 모르는군. 모차르트의 위대한 음악 세계에 대해서 제대로 알

려면 부인인 콘스탄체부터 알아야 한다구. 내가 가르쳐줄 테니까 따라와."

"어어……!"

리사가 손을 움켜잡고 돌아서자 선재가 얼결에 딸려갔다.

"강리사!"

이때 누군가 리사의 이름을 불렀다. 선재의 손을 잡은 채 돌아서는 리사를 향해 헐레벌떡 달려오는 것은 바로 찬영이었다.

"어, 찬영이 네가 웬일이야? 아까 집으로 돌아가지 않았나?"

"실은 너한테 할 말이 있어서 돌아왔어."

찬영의 눈이 아직 선재의 손을 잡고 있는 리사의 손으로 향했다. 리사가 움찔하며 선재의 손을 뿌리쳤다. 그녀가 어색한 표정으로 물었다.

"할 말이 뭔데?"

찬영도 대수롭지 않다는 듯 대답했다.

"내일 약속 없으면 나랑 영화 보러 가지 않을래?"

"흐음……."

잠시 고민하던 리사가 선선히 고개를 끄덕였다.

"알았어. 영화 예약해놓고 미리 전화해줘."

"알았어."

"그럼 가자, 선재야."

리사를 따라 돌아서는 선재의 뒷모습을 찬영이 뚫어져라 쳐다보았다. 잠시 후 찬영의 한쪽 입술이 슬쩍 올라갔다.

"설마 리사가 저런 녀석을 좋아할 리는 없겠지……?"

"후우~ 정말 힘든 하루였어. 으아악!"

한숨을 몰아쉬며 자신의 방으로 들어온 리사가 비명을 질렀다. 책상 위에 놓여 있는 책 한 권이 시선을 사로잡았기 때문이다. 두툼한 책의 양장본 표지에는 '세기의 로맨스'라는 제목이 선명하게 찍혀 있었다. 책상 앞으로 다가간 리사가 떨리는 손으로 책을 들어올렸다. 분명 책장수 노인에게서 선물 받은 그 책이다. 묘한 분위기를 풍기는 책 표지를 뚫어져라 들여다보며 리사가 살짝 갈라지는 목소리로 중얼거렸다.

"책장수 할아버지를 만난 게 꿈이 아니었다는 말이야? 그렇다면 과거로 가서 모차르트와 콘스탄체를 만난 것도 설마……?"

위대한 음악가 모차르트

1. 신의 은총을 받은 아이

모차르트는 1756년 1월 27일 오스트리아의 잘츠부르크 게트라이데 거리 9번지에서 아버지 레오폴트 모차르트와 어머니 안나 마리아 모차르트의 일곱 번째이자 마지막 아들로 태어났다. '요하네스 크리스토스토모스 볼프강 고트리프 모차르트'가 이 아이의 정식 이름이고, 우리에게 익숙한 아마데우스라는 이름은 '신의 은총'이라는 뜻으로 독일식 이름인 고트리프를 라틴어로 바꾼 것이다. 모차르트는 생전에 라틴식인 아마데우스 대신 프랑스식인 아마데를 즐겨 썼다.

아버지 레오폴트는 다섯 아이를 유아기 때 잃었다. 이 시기에는 유아 사망률이 워낙 높아서 형제들의 죽음은 그리 놀라운 일도 아니었다. 하지만 모차르트를 바라보는 부모의 마음은 얼마나 조심스러웠을까? 일곱 번째 아들인 모차르트가 무사히 유아기를 넘긴 것만으로도 이들 부부에게는 축복이었을 것이다. 그리고 음악적 재능이 뛰어난 모차르트의 누나 역시 유아기를 무사히 넘겼다. 게다가 모차르트는 다섯 번째 생일을 하루 앞둔 1761년 1월 26일에 미뉴에트와 트리오를 30분 만에 다 익힐 정도로 음악 신동이었다. 음악가였던 아버지가 이 아들을 신의 축복으로 여긴 것은 어쩌면 당연한 일인지도 모른다.

이렇게 귀한 아들의 존재는 하이든처럼 위대한 음악가가 되고 싶었지만 뜻을 이루지 못한 아버지에게 대리만족을 안겨주기 충분했다. 아버지는 아들이 음악가가 되기를 강요했고, 그래서인지 부자의 사이는 애증관계로 발전했다.

모차르트를 이야기할 때, 아버지 레오폴트 모차르트를 떼어놓고 이야기할 수 없다. 이 천재적인 아들은 아버지의 자랑인 동시에 집안의 재산이기도 했다. 여섯 살 때부터 이어진 연주 여행은 아버지의 주머니를 두둑

하게 만들었다. 심지어 아버지는 아들이 사랑에 빠지는 것조차 두려워했다. 모차르트가 결혼하면 아들을 잃는다고 생각했던 것 같다. 덕분에 모차르트는 늘 사랑에 목말라 했고, 늘 사랑을 찾아다녔다. 그리고 그곳에 사랑이 없다면 음악으로 사랑의 감정을 표현했다.

모차르트는 바이올린의 대가로 잘츠부르크 궁정 악단의 부악장이었던 아버지 레오폴트에게 네 살 때 쳄발로를 배우기 시작해 다섯 살에 벌써 연주할 수 있었다. 모차르트는 여섯 살 때 열한 살이던 누이 안나와 함께 뮌헨의 궁전에서 연주했고, 또 빈의 궁전과 그 밖의 음악회에서 협주곡 등을 연주하여 신동이라고 칭찬받았다. 1763년에는 부친을 따라 누이와 함께 파리로 연주 여행을 떠났는데, 도중의 여러 곳에서 협주곡이나 소나타, 즉흥곡을 연주해서 어디서나 신동이라는 소리를 들었다. 그때부터 모차르트는 쳄발로나 바이올린을 위한 소나타 등을 작곡하였고 이듬해에는 파리로부터 영국으로 건너가 1년 이상을 머무르면서 교향곡과 그 밖의 작품을 작곡했다.

모차르트는 1765년에 네덜란드, 그 이듬해에 다시 파리와 스위스, 독일을 거쳐, 1766년에 고향인 잘츠부르크로 돌아왔다. 이 사이에 그는 슈베르트, 크리스티안 바흐 등 많은 작곡가의 영향을 받아 습작을 했다. 이듬해에 빈과 이탈리아 여행에 나섰고, 이후 1773년까지 세 번의 이탈리아 여행을 통해 큰 영향을 받으면서 다수의 가극이나 교향곡을 작곡했다.

2. 사랑을 연주하는 음악가

모차르트의 음악을 한마디로 표현한다면 '사랑'이라고 할 수 있다. 그의 음악을 듣는 모든 사람은 사랑을 느끼고, 사랑을 그리워하게 된다. 피아노 소품부터 실내악, 협주곡, 교향곡, 오페라에 이르기까지 경지에 오른 그의 모든 음악은 결국 사랑에서 시작해서 사랑으로 귀결된다. 이렇듯 생생한 사랑의 감정으로 작곡하고 연주했기에 그가 작곡하고 연주하는 모든 음악은 생명력으로 요동친다. 예를 들어, 대주교의 요청을 받고 작곡한 장중한 미사곡조차 모차르트의 손을 거치면 생기 넘치는 음악으로 변해버리는 것이다.

모차르트의 아버지는 이런 천재성을 가진 아들이 과연 얼마나 오래 살 수 있을지 걱정되었다. 1778년 2월 16일 레오폴트가 아들에게 보낸 편지에는 이렇게 적혀 있었다.

어린 시절 너는 아이라기보다는 오히려 어른스러웠으며, 네가 피아노 앞에 앉아 있거나 음악 감상에 몰두하고 있을 때면 아무도 너에게 농담조차 걸 수 없었다. 심지어 너무나 엄숙한 네 연주와 일찍 개화한 너의 재능, 생각에 잠긴 진지한 너의 작은 얼굴을 지켜본 여러 나라의 많은 사람들은 네가 오래 살 수 있을지 걱정했단다.

레오폴트의 이러한 걱정은 현실이 되었다. 모차르트는 고작 서른 다섯 해를 살았다. 하지만 그의 인생은 350년 이상을 산 것보다 더 위대한 음악을 남겼다. 짧다면 짧은 삶을 산 그의 음악 목록이 수십 년을 더 살다간 거장들보다 풍부한 이유는 매우 어린 시절부터 작곡을 시작한 덕분이다. 특히 이 천재는 생의 마지막 십 년 동안 엄청난 걸작을 쏟아냈다. 마지막 오페라인 '마술피리'를 비롯해 '주피터 교향곡', 미완성으로 끝난 '레퀴엠'에 이르기까지 모차르트는 죽어가는 순간까지도 악보 위에 자신의 모든 열정을 쏟아부었다.

모차르트가 살던 시대의 음악가들에게는 주인이 있었다. 예술가들은 주인과 주종관계로 이어져 있어서 후원자 없이는 생활을 할 수가 없었다. 모차르트는 두 명의 후원자를 섬겼는데, 첫 번째는 슈라덴바흐의 백작 지기스문트였다. 음악 애호가인 그는 열정적으로 모차르트를 지원했다. 그러나 지기스문트 대주교가 사망하고, 콜로레도 백작 히에로니무스 대주교가 새로운 후원자가 되었지만 둘 사이는 금세 악화되었다. 모차르트는 자신의 음악적 개성을 무시하고 고리타분한 종교음악만 강요하는 히에로니무스 대주교와 결별했다. 음악가로서 자신의 생활을 지탱해주는 모든 조건을 걷어차버린 모차르트를 아버지 레오폴트는 물론 동료 음악가들과 세상 사람들 모두 미쳤다고 생각했다.

하지만 이 일은 모차르트에게 자유를 주었다. 그는 헨델 이후 공식적인 후원 없이 자립을 감행한 최초의 작곡가가 되었다. 몇 년이 흐른 후에야 모차르트는 재기에 성공할 수 있었다. 황제 요제프 2세가 모차르트를 궁정 작곡가로 임명했는데, 이때 《후궁으로부터의 도주》를 작곡해 초연에서 대성공을 거두었다.

이 시기에 모차르트는 평생 반려자인 콘스탄체를 만나 사랑에 빠졌다. 아버지의 집요한 반대에도 불구하고 두 사람은 결혼식을 올렸다. 콘스탄체는 모차르트보다 오래도록 살아 사진까지 몇 장 남겼고, 남편의 명성을 적절하게 이용하며 잘 살았다고 한다. 그런 이유 때문에 그녀는 가끔 악처로 묘사되기도 하지만 두 사람의 애정은 각별했다. 모차르트가 세상을 떠나기 전까지 부부는 무난하게 결혼생활을 이어간 것으로 보인다.

이 무렵 모차르트의 수많은 명작과 수작이 탄생했다. 가극으로는 《피가로의 결혼》, 《돈 조반니》, 《코시 판 투테》, 《마적》 등이 있고, 교회음악으로는 C단조 미사, 기악곡으로는 교향곡 K. 385 《하프너》, K.425 《린쯔》, K. 504 《프라하》, K. 543, K. 550, K. 551 《주피터》 등 6곡, 피아노 협주곡 17곡, 호른 협주곡 4곡, 그 밖에도 《하이든》 현악4중주곡, 현악5중주곡, 피아노4중주곡, 바이올린 소나타 등의 수많은 실내악곡이나 피아노곡 등이다.

모차르트는 명성에 걸맞게 많은 돈을 벌었다. 하지만 그는 항상 돈을 빌리는 신세를 면치 못했다. 이유는 버는 돈보다 쓰는 돈이 많았기 때문이다. 한 마디로 그는 과소비의 화신이었다. 화려한 의상과 최고급 담배, 여행 등으로 그는 인생을 즐겼다. 당시 빈의 상류층은 18세기 초 영국에서 시작된 세계 시민주의적, 인도주의적 우애를 목적으로 하는 비밀 결사 단체인 프리메이슨 단원이 많았다. 모차르트 역시 프리메이슨에 가입했다. 이미 도시에 크고 작은 8개의 지부가 있었으니, 당대 프리메이슨의 영향력은 대단했다. 모차르트 지지자들인 귀족들도 프리메이슨 단원이었다. 모차르트는 프리메이슨의 도제로 입문하여 미숙련 장인으로 승급하고, 숙련 장인인 메이슨의 지위에까지 올랐다. 천방지축이긴 했지만 모차르트는 매우 성실하게 모임에 참석해 노래, 칸타타, 장례 음악 등을 작곡했다. 이후 그의 음악에 자연스럽게 프리메이슨의 정신이 녹아들게 되었다.

크게 성공한 작품 가운데 하나인 오페라 '마술피리' 역시 마찬가지다. 모차르트를 연구하는 사람들은 프리메이슨이라는 비밀 결사 단체를 알지 못하면 그의 음악을 이해할 수 없다고 말한다. 모차르트는 아버지 레오폴트를 프리메이슨에 가입시키기도 했다. 그의 작곡 기록부에 기록된 마지막 작품은 《작은 프리메이슨 칸타타》다.

3. 음악가로 죽어 신의 경지에 오르다

1791년 여름, 모차르트를 찾아온 한 방문객이 모차르트에게 레퀴엠 작곡을 의뢰한다. 익명의 후원자가 신분을 감춘 채 비밀스럽게 제안한 것이다. 그런데 그해 겨울 모차르트는 세상을 떠났다. 죽어가는 작곡가에게 장송곡인 '레퀴엠'을 의뢰했다는 사실 자체가 너무 드라마틱하지 않은가. 당대 최고의 부와 명예를 누리고 살았던 궁정 음악가 살리에르가 모차르트의 재능을 질투하여 벌인 촌극이라는 설도 있지만 사실이 아니다. 실은 발제크 백작이 아내의 죽음을 애도하기 위해 레퀴엠 작곡을 의뢰한 것이었는데, 그는 작곡가들에게 의뢰한 작품을 마치 자신이 작곡한 것처럼 위장해 개인 연주회에서 연주하는 무뢰한이었다. 그렇기 때문에 의뢰를 익명으로 했던 것이다.

《마적》을 작곡한 1791년부터 모차르트의 건강은 점점 악화되었다. 그는 지독한 류머티즘에 시달리고 있었다. 《레퀴엠》을 쓰면서는 도저히 손을 쓸 수 없을 정도로 병세가 악화되었다. 모차르트는 팔다리가 붓고 자주 구토를 하면서 자리보전을 하게 되었다. 그리고 그는 마지막까지 작곡에 매달렸던 미완의 《레퀴엠》 악보와 장차 후대의 사람들이 열광할 숱한 명곡을 남겨둔 채 세상을 떠나고 말았다.

모차르트는 당시 태동하고 있던 새로운 음악 양식을 완전히 흡수하여 거기에서 완전히 독자적인 음악을 탄생시켰다. 고전파의 완성자로 불리는 하이든보다 훨씬 짧은 삶을 살았지만 보다 깊이 있는 작품의 창조에 성공하여 베토벤으로 이어지는 길을 열었다.

세 개의 이름을 가진 고양이

겨울비가 내리는 밤, 고양이는 자신이 누구인지 어디에서 왔는지 아무것도 모른 채 홀로 앉아 있습니다. 기억을 잃은 고양이는 친구들을 차례로 만나며 새로운 이름을 얻게 됩니다. 세 개의 이름을 거치며 자신을 찾아가는 고양이의 이야기가 지금 시작됩니다. 아픔을 가진 고양이들이 전하는 희망의 메시지를 들어주세요!

글 꼬나 / 그림 루루지 / 값 9,000

고양이 우편배달부

윤지에게는 아주 작은 친구가 있습니다. 그리고 그 친구 덕분에 아주 특별한 경험을 하게 되지요. 고양이 뿌잉뿌잉이 전달해주는 쪽지 덕에 윤지는 새로운 만남을 갖게 됩니다. 그리고 그렇게 만난 사람들 중에 놀랍게도 희주가 있었지요. 윤지는 뿌잉뿌잉 덕에 자신을 괴롭히기만 하던 희주의 아픔을 이해하게 됩니다. **편지 배달**하는 고양이와 **따뜻한** 마음을 가진 소녀의 이야기에 귀기울여 주세요!

글 꼬나 / 그림 투리아트 / 값 9,000

바른 세상 고운 마음 시리즈

① 행복이는 똥강아지 　② 눈치 없는 아이
③ 세 개의 이름을 가진 고양이 　④ 할아버지는 외계인
⑤ 병아리, 날다 　⑥ 엄마가 미안해 엄마 미안해
⑦ 안녕 브라우니 　⑧ 고양이 우편배달부